国家出版基金项目
NATIONAL PUBLICATION FOUNDATION

毛泽东、周恩来与抗美援朝

与抗美援朝

毛泽东

石仲泉

——著

广西人民出版社

古今中外上下数千年，世界各国战争不计其数，每个时代、每个民族都有自己的杰出军事家。单就中华民族五千年历史论，也有许多著名将领。但是，就既有战争实践又有战争理论，既能打较为原生态的游击战争又能打敌军拥有先进重装备的现代化战争，既会打兵戎相见的武仗又会打谈判斗智的文仗而言，毛泽东可谓中华民族历史上最伟大的"战神"*。这不仅表现在他经历了土地革命战争、抗日战争和解放战争，领导中国革命取得了伟大胜利，更在于他敢于决定与不可一世的美国侵略军一搏，将被誉为"二战英雄"且骄横的美国五星上将、"联合国军"总司令麦克阿瑟打得丢盔弃甲，使杜鲁门输掉了美国总统大选。抗美援朝战争取得伟大胜利，这是连在第二次世界大战中扭转乾坤，为打败希特勒法西斯起了决定性作用的斯大林都未能想到的。本文试从"毛泽东与抗美援朝战争"这个维度，来论说毛泽东是怎样成为中华民族历史上最伟大"战神"的。

---

　　* "战神"这一说法是对毛泽东作为杰出军事家、战略家的概括性描述，具有生动形象、通俗易懂的特点。

目录

第一篇

一生中最难下决心打的一场战争

毛泽东不是行伍出身。他既没上过保定陆军军官学校，也没进过云南讲武堂，只在辛亥革命后到长沙当过半年"新军"。他作为中国共产党的创建人之一献身中国革命，先是从事工人运动、农民运动和统战工作，在1927年大革命失败后领导湘赣边秋收起义才开始拿起枪杆子进行武装斗争。他投笔从戎，在战争中学习战争、驾驭战争，最开始是上井冈山打游击战实行工农武装割据，建立起党领导的第一个革命根据地，取得了领导革命战争的话语权，同周恩来、朱德等一起成为人民军队的缔造者。此后，他开辟中央苏区进行反"围剿"战争，以大规模运动战探索出农村包围城市的中国新民主主义革命新道路。经历土地革命后期的曲折，通过遵义会议，他成为党领导红军夺取长征胜利的主要领导人，并确立了领导党和人民军队的核心地位。全民族抗战爆发前后，他总结实践经验的独特战争理论得到全党认可，特别是将游击战争提高到战略地位，开辟拥有抗日民主根据地的敌后战场，使党领导的人民军队成为抗战胜利的中流砥柱，令世界刮目相看。解放战争之初，他退避三舍，实行战略防御，粉碎国民党军队的全面进攻和重点进攻，进一步将大规模运动战与攻坚阵地战相结合，实行战略反攻，最后进行三大战役和渡江战役的战略决战，取得了中国革命的伟大胜利，从而成为中国革命的伟大"战神"。

所谓"战神"，不仅是指善于指挥作战，敢打硬仗，更重要的在于掌握战争规律，有军事韬略，能科学预见，料事如神，运用战略策略出神入化，奇谋迭出，指挥用兵神出鬼没，高招过人。毛泽东经过多年的战争生涯达到了这样的境界，成为中华民族五千年历史上最伟大的"战神"。如果说领导中国革命胜利是从中国人民的视角呈现毛泽东伟大军事家、战略家的形象，那么领导抗美援朝战争的胜利，则使毛泽东站在世界舞台上展现了他作为伟大军事家、战略家的绚丽风采。

对于一生征战的毛泽东来说，尽管是从以弱胜强的争战中打过来的，在任何时候没有害怕过任何敌人，但是在新中国成立后不久作出抗美援朝、保家卫国决策却是异常艰难的。胡乔木在延安时期就担任毛泽东的秘书，他回忆说："我在毛主席身边工作二十多年，记得有两件事是毛主席很难下决心的。一件是1950年派志愿军入朝作战，再一件就是 1946 年我们准备同国民党彻底决裂。"① 为什么抗美援朝是毛泽东一生中难下决心的两大决策之一呢？

因为下这个决心，牵涉到方方面面，既有对国家安全和主权的诸多考虑，又不能不受苏、朝、美等各种外部因素的制约。国际环境和朝鲜战争形势的不断变化，使毛泽东不能不审时度势，随机调整出兵决策。从某种意义上说，这就出现了比 1946 年我们党准备同国民党彻底决裂更难决策的"长考百日、三波两折"。

先说"长考百日"。在朝鲜战争爆发后 1950 年 7 月 7 日联合国安理会通过成立"联合国军"干预朝鲜战争之际，毛泽东就已高瞻远瞩，提出保卫国防、组建东北边防军，并在鸭绿江边部署边防军兵力。8 月上旬，在朝鲜半岛南端的战争进入胶着状态时，他察觉到美国扩大战争规模的可能性会增加，遂召开中央政治局会议讨论美国武装侵略朝鲜后中国应该采取的对策。他指出：如果美帝得胜，就会得意，就会威胁我国；对朝鲜不能不帮，必须帮助，用志愿军的形式，时机当然还要适当选择，我们不能不有所准备。毛泽东即指示边防军在月内做好一切准备工作。他接见东北边防军负责人邓华说：你们集结东北后的任务是

① 胡乔木：《胡乔木回忆毛泽东》增订本，人民出版社 2014 年版，第 92 页。

保卫东北边防，但要准备同美国人打仗，要准备打前所未有的大仗。8 月可能没有作战任务，但应准备于 9 月上旬能作战，务必于本月内完成一切准备，待命出去作战。① 8月下旬，他给远在西安的中央军委副主席彭德怀发去一电："德怀同志：为了应付时局，现须集中 12 个军以便机动（已集中了 4 个军），但此事可于 9 月底再作决定，那时请你来京面商。"② 9 月中旬，美军 7 万余人在朝鲜西海岸仁川登陆，朝鲜战局发生急剧变化。10 月 1 日，南朝鲜军越过三八线，"联合国军"总司令麦克阿瑟发出"最后通牒"，要求朝鲜人民军无条件"放下武器停止战斗"。从 10 月 2日到 18 日，党中央接连召开书记处扩大会议和政治局扩大会议，讨论朝鲜战局和中国出兵援朝问题。在 10 月 18 日中央政治局扩大会议上，毛泽东听取从苏联回来的周恩来汇报与斯大林会谈情况和从东北边防回来的彭德怀汇报志愿军准备入朝情况后，指出：现在敌人已围攻平壤，再过几天敌人就进到鸭绿江了。我们不论有天大的困难，志愿军渡江援朝不能再变，时间也不能再推迟，仍按原计划渡江。会议决定：志愿军按预定计划于 19 日跨过鸭绿江入朝作战。③

---

① 参见《毛泽东年谱（1949—1976）》第一卷，中央文献出版社 2013 年版，第 169 页。

② 《彭德怀传》，当代中国出版社 1997 年版，第 399 页。

③ 参见《毛泽东年谱（1949—1976）》第一卷，中央文献出版社 2013 年版，第 216 页。

毛泽东从 1950 年 7 月上旬提出准备出兵到 10 月中旬最后决定入朝作战，经历了 103 天的反复考量和权衡，故称"长考百日"。

再说"三波两折"，这发生在最后决策的 1950 年 10 月上半月。

第一个波折发生在 10 月 2 日至 3 日。毛泽东作为军事战略家，对出兵问题未雨绸缪，很早作了准备，但何时出兵，他有个底线：敌军是否越过三八线。"美帝国主义如果干涉，不过三八线，我们不管，如果过三八线，我们一定过去打。"[①] 10 月 1 日，南朝鲜军越过三八线后，斯大林来电希望中国立即派出部队到三八线，拯救朝鲜；深夜，金日成紧急约见中国驻朝大使，向中国政府提出援兵入朝请求。次日，毛泽东决定用志愿军名义派一部分军队至朝鲜境内和美国及李承晚的军队作战，援助朝鲜，并拟写了致斯大林回电；同时为中央军委起草给邓华电，令边防军提前结束准备工作，随时待命出动，按原定计划与新的敌人作战。但他没想到的是，这天下午召开的中央书记处扩大会议讨论朝鲜战局和中国出兵援朝问题时，与会多数人不赞成出兵，于是决定 4 日召开扩大的中央政治局会议，再作讨论。这样，会前拟写的给斯大林的回电没有发出。他服从会上多数人意见，将不出兵决定通过苏联驻华大使罗

---

① 毛泽东会见苏共中央代表团时的谈话，1956 年 9 月 23 日。

申转告斯大林。这就是俄罗斯总统档案馆藏的苏联驻华大使罗申曾就毛泽东关于中国暂不出兵的初步意见报告斯大林的 10 月 3 日电。此电称：我们原先曾打算当敌人向三八线以北进攻时，调动几个师的志愿军到北朝鲜帮助朝鲜同志。但是，经过慎重考虑，我们现在认为，这一举动会造成严重后果。电文建议目前最好还是克制一下，暂不出兵，同时准备力量，这样做在把握与敌作战的时机上会比较有利。[①] 这就是第一个波折。

第二个波折发生在 10 月 4 日到 12 日间。中央政治局扩大会议从 4 日下午到 5 日全天接连开了 3 次，毛泽东让与会者提出各种意见，权衡出兵和不出兵的利弊。经过反复讨论，大家统一了认识，在 5 日下午的会议上，中共中央最后作出"抗美援朝，保家卫国"的战略决策；决定由中央军委副主席彭德怀率志愿军入朝作战，并决定派周恩来、林彪去苏联同斯大林会谈。周恩来作为主持中央军委常务工作的副主席，是与苏会谈的主要代表。他是带着两种意见去谈的：若苏联有派空军支援的表示就谈出兵问题，若苏联不愿派空军支援就谈不出兵问题。11 日，周恩来同斯大林会谈，介绍中共中央政治局会议讨论朝鲜局势和要否出兵援朝问题，说明中国的实际困难，提出只要苏联同

---

① 参见《毛泽东年谱（1949—1976）》第一卷，中央文献出版社 2013 年版，第 201 页。

意出动空军给予空中掩护，中国就可以出兵援朝，同时要求苏联援助中国参加抗美援朝所需的军事装备，并向中国提供各种类型的武器与弹药，首先是提供陆军轻武器的制造图供中国仿造。斯大林表示，可以完全满足中国抗美援朝所需的飞机、大炮、坦克等军事装备，但苏联空军尚未准备好，须待两个月或两个半月才能出动空军支援志愿军的作战。会谈后，斯大林、周恩来联名致电毛泽东：我们交换意见后，弄清了计划派出的中国援军没有做好准备，我们一致决定，尽管国际形势有利，但中国军队因目前尚未做好准备，就不要越过朝鲜边境，以免陷于不利局面。①基于此，毛泽东在 12 日致电彭德怀等，此前命令暂不实行，兵团各部仍旧原地训练，不要出动。这就是暂不出兵的第二个波折。

第三个波折发生在 10 月 13 日至 18 日。13 日，就斯大林、周恩来联名电，毛泽东主持中央政治局会议再次讨论出兵援朝问题。与会者一致认为，即使苏联不出动空军支援，在美军越过三八线大举北进的情况下，我们仍应出兵援朝不变。当晚 10 时，毛泽东把这个决定电告身在莫斯科的周恩来：我军出动到朝鲜（较）为有利，"对中国，对朝鲜，对东方，对世界都极为有利；

① 参见沈志华《毛泽东、斯大林与朝鲜战争》，广东人民出版社 2013 年版，第 306 页。

而我们不出兵，让敌人压至鸭绿江边，国内国际反动气焰增高，则对各方都不利"，"总之，我们认为应当参战，必须参战。参战利益极大，不参战损害极大"。① 该电请周恩来留莫斯科几天，就苏援助装备和出动空军以防美军空袭京津沪等大城市问题与苏联同志继续商谈。18日，周恩来返京后，毛泽东再次召开中央政治局会议作出了上述出兵入朝作战的最后决定。这样，"此波无折"，全过程姑且称之为"三波两折"。

抗美援朝决策这样艰难，其"长考"酝酿用时之久，过程曲折反复程度之大，不仅在毛泽东一生中没有过，就是迄今的百年党史也无出其右者！之所以如此，当年的毛泽东和党中央主要有这么三个"纠结"：

一是挑战美国这个头号西方强国，能否打赢。70多年前，无论综合国力还是军队装备，中国和美国完全不在一个量级上，简而言之，不能同日而语。就综合国力而言，1950年美国的钢产量8772万吨，工农业总产值是2800亿美元；当年我国的钢产量仅有60万吨，不及美国的一个零头，工农业总产值为100亿美元，仅为美国的1/28。论军事装备，美军拥有包括原子弹在内的大量先进武器和现代化后勤保障，而我军基本还处于"小米加步枪"水平。美军的一个军拥有各种口径的大炮1500门，而我们一个军只

① 《毛泽东文集》第六卷，人民出版社1999年版，第103、104页。

有 36 门。美国空军完全控制了高空领域，我国的空军还要训练半年才能作战。我军既没有制空权也没有制海权。敌我力量如此悬殊，出兵参战，能不能打赢？不能不反复掂量。若不能打赢，出兵干什么？志愿军不是去白白牺牲的！这是首要的担心。10 月 2 日没有发出的致斯大林电（以下称"前电"）和通过罗申大使转达给斯大林的意见中都表达了这一点。前电中说：我们认为既然决定出动中国军队到朝鲜和美国人作战，就要能解决问题，即要能在朝鲜境内歼灭和驱逐美国及其他国家的侵略军。在罗申给斯大林的电中陈述不出兵的理由：经过慎重考虑，我们认为出兵这一举动会造成极为严重的后果，"靠几个师很难解决朝鲜问题（我军装备极差，同美军作战无胜利把握），敌人会迫使我们退却"[1]。这两电，既说明了毛泽东出兵的立足点，也反映了大多数同志不赞成出兵的顾虑。

二是国民经济的恢复和建设还能否进行。1950 年 6 月上旬，我们党召开七届三中全会，毛泽东作了《为争取国家财政经济状况的基本好转而斗争》报告，确定了党和国家的主要任务，部署了 1950 年的中心工作。但半个月后，朝鲜战争的爆发不仅直接破坏了解放台湾的战略部署，严重阻碍祖国的统一大业，而且打乱了党和国家的任务实施

---

[1] 参见《毛泽东年谱（1949—1976）》第一卷，中央文献出版社 2013 年版，第 201 页。

和工作安排。在 10 月 2 日中央书记处扩大会议和随后的中央政治局扩大会议上，这成了与会者讨论的主要话题。多数人不赞成出兵，就是担心：新中国刚刚成立，战乱的创伤十分严重，财政经济非常困难，新解放区的土地改革还没有进行，工业化建设还没开始，国民党残余和匪特势力还没有肃清，社会秩序还不安定，基层政权还不是很稳固；如果出兵援朝，这些问题的解决不仅会受到很大影响，而且新中国的建设还能否进行，都是一个问题。这也在 10 月 2 日中央书记处扩大会议前拟写的没有发出的致斯大林电和会后通过罗申大使转达给斯大林的意见中谈到了。前电说：一旦中国军队在朝鲜境内和美国军队打起来，就要准备（应付）美国至少可能使用其空军轰炸中国许多大城市及工业基地，使用其海军攻击沿海地带（的问题）。"我们认为最不利的情况是中国军队在朝鲜境内不能大量歼灭美国军队，两军相持成为僵局，而美国又已和中国公开进入战争状态，使中国现在已经开始的经济建设计划归于破坏，并引起民族资产阶级及其他一部分人民对我们不满（他们很怕战争）。"[①] 罗申的电文中说：如果我们出动几个师，随后又被敌人驱赶回来，并由此引起美国与中国的公开冲突，那么我们的整个和平恢复计划就将全部打乱，国内许多人

---

　　① 参见《毛泽东年谱（1949—1976）》第一卷，中央文献出版社 2013 年版，第 201—202 页。

将会对我们不满（战争给人民带来的创伤尚未医治，人民需要和平）。两电中谈到的问题，对于刚刚执政的中国共产党来说，不能不纠结于心。

三是会不会引发更大的国际冲突乃至世界大战。这是毛泽东和党中央考虑较多的一个问题。这个顾虑在罗申给斯大林的电文中说得明白，出兵朝鲜"最大的可能是，这将引起美国与中国的公开冲突，结果苏联也可能被拖进战争中来，这样一来，问题就变得极其严重了。中共中央的许多同志认为，对此必须谨慎行事"，"目前最好还是克制一下，暂不出兵，同时准备力量，这样做在把握与敌作战的时机上会比较有利"。①

这些方面的担心和顾虑，都在情理之中。党的高层领导有各种看法和不同意见是正常的，不存在什么路线斗争。这些问题是怎样得到分析、应对和解决，最后统一思想认识的呢？这里，也是历史的合力——诸如彭德怀等统率的广大志愿军指战员的高昂斗志，主持中央军委工作的周恩来等同志的鼎力协助，还有斯大林和苏联的某种支持和应允的援助等——起了推动历史前进的作用。但就作出最终决策而言，毛泽东的战略眼光和坚毅决心，即没有动摇过的初心起了决定性作用。所谓"长考百日，三波两折"，并

---

① 参见《毛泽东年谱（1949—1976）》第一卷，中央文献出版社 2013 年版，第 201 页。

不是说他个人有什么犹豫动摇，而是由于各种因素的作用，他需要做工作来统一中央领导层的认识，形成"硬核"力量。这是一个从考虑出兵，到暂缓出兵，再到最终决定出兵的过程。

在这个过程中，毛泽东的下述三个思想发挥了"定海神针"作用。

第一，始终坚持帝国主义和一切反动派既是纸老虎又是真老虎的战略思想。这是他在1946年第一次下决心与国民党彻底决裂时提出的。有了这个思想，敢于斗争、敢于胜利，坚决应对国民党发动的内战。这一次，毛泽东也是坚持这个思想，提出出兵抗美援朝。他在1950年8月5日接见边防军首长即后来的志愿军副司令、代司令邓华时说，你们"要准备同美国人打仗，要准备打前所未有的大仗，还要准备他打原子弹。他打原子弹，我们打手榴弹，抓住他的弱点，跟着他，最后打败他。我还是那句老话，在战略上藐视他，当作纸老虎，在战术上重视他，当作真老虎"。① 9月5日，他在中央人民政府委员会第九次会议上指出：美帝国主义也可能要乱来，它是什么都可能干出来的。假如它要那样干，"无非是打第三次世界大战，而且打原子弹，长期地打，要比第一、第二次世界大战打得长。

---

① 参见《毛泽东年谱（1949—1976）》第一卷，中央文献出版社2013年版，第169页。

我们中国人民是打惯了仗的，我们的愿望是不要打仗，但你一定要打，就只好让你打。你打你的，我打我的，你打原子弹，我打手榴弹，抓住你的弱点，跟着你打，最后打败你"。① 在 10 月 5 日下午作决策的中央政治局扩大会议上，他再次指出：美国有它的原子弹，我有我的手榴弹，我相信我的手榴弹会战胜它的原子弹，它无非是个纸老虎。② 所以，对美国军队的认识既是纸老虎又是真老虎，是贯穿于毛泽东作决策始终的战略思想。

第二，始终坚持中朝两国是唇亡齿寒关系的思想。就在 9 月 5 日的上述讲话中，毛泽东指出：对于朝鲜人民，我们是需要给予帮助和鼓励的。朝鲜人民对于中国革命有过很大的帮助，中国革命的几个阶段中都有他们的帮助。因此，我们在今天应当尽力去帮助他们。③ 在 10 月 4 日下午中央政治局扩大会议上，毛泽东让不赞成出兵或者对出兵存有疑虑的人讲了出兵的不利情况后，说：你们说的都有理由。但是别人处于国家危急时刻，我们站在旁边看，不论怎样说，心里也难过。④ 毛泽东的上述思

① 《毛泽东文集》第六卷，人民出版社 1999 年版，第 93—94 页。
② 参见《毛泽东年谱（1949—1976）》第一卷，中央文献出版社 2013 年版，第 205 页。
③ 参见《毛泽东年谱（1949—1976）》第一卷，中央文献出版社 2013 年版，第 184 页。
④ 参见《毛泽东年谱（1949—1976）》第一卷，中央文献出版社 2013 年版，第 204 页。

想日后由"唇亡齿寒"这个成语来表达。10 月 24 日，周恩来在全国政协第一届常委会第十八次会议上作的《抗美援朝，保卫和平》报告中转述了毛泽东的这个思想。周恩来在报告中指出："中朝是唇齿之邦，唇亡则齿寒。"从朝鲜在东方的地位和前途的发展来说，我们不能不援助；"从唇齿相依的关系来说，我们也不能不援助。这是敌人把火烧到了我们的大门口，并非我们惹火烧身"。"我们如坐视不救，敌人必然继续前进，咄咄逼人，直到鸭绿江边，然后再做第二步文章。""所以我们要理，要管。""只有管，才能使敌我力量的对比发生变化"，"让它知难而退，然后可以解决问题"。①

第三，始终坚持得道多助、失道寡助的正义力量必胜思想。朝鲜战争爆发后，美国不仅派出海军和空军进攻朝鲜人民军，对朝鲜城市狂轰滥炸，而且其第七舰队侵入我台湾海峡，阻挠我解放台湾。6 月 28 日，毛泽东庄严宣告：全国和全世界人民团结起来，进行充分准备，打败美帝国主义的任何挑衅。从 8 月下旬始，美军飞机不断侵入我国领空，对我境内目标进行轰炸和扫射，造成我财产损失和人员伤亡。我国政府不能不认为，这是美国当局准备扩大战争规模的一个信号。在美国 7 万大军从仁川登陆，

---

① 参见《周恩来年谱（1949—1976）》上卷，中央文献出版社 1997 年版，第 88 页。

朝鲜战局迅即逆转，美军急速向中朝边境推进，严重威胁我国安全后，毛泽东指示周恩来在 9 月底向全世界声明：中国人民热爱和平，但是为了保卫和平，从不也永不害怕反抗侵略战争。中国人民决不能容忍外国的侵略，也不能听任帝国主义者对自己的邻人肆行侵略而置之不理。① 在 10 月 4 日和 5 日的中央政治局会议上，既充分摆（出）了出兵的种种困难，又强调了出兵的必要性和战胜美军的可能性。毛泽东等人认为，如果让美国侵略军占领朝鲜，强兵压到鸭绿江边，我国难以安稳地从事建设。彭德怀将这一点讲得十分透彻：出兵援朝是必要的，打烂了，等于解放战争晚胜利几年。如美军摆在鸭绿江岸和台湾，它要发动侵略战争，随时都可以找到借口。这铿锵有力的几句话对会议统一思想、作出决策起了非常重要的作用。毛泽东等还分析了敌我双方的有利和不利条件。美军虽然武器先进，但兵力分散，补给线长，战斗意志不强。我军虽然装备落后，但我们进行的是反侵略的正义战争，得道多助，士气旺盛，兵源充足；有丰富的战争经验，灵活的战略战术，特别是具有不怕牺牲、不畏艰苦的勇敢作战精神，一贯能够以劣势装备打败装备优良的敌人；战场背靠我国东北，后勤支持近便。因此，出战获胜的可能性也存在。次

---

① 周恩来：《为巩固和发展人民的胜利而奋斗》，《人民日报》1950 年 10 月 1 日。

日，周恩来召开高级干部会议，根据会议精神，部署志愿军入朝作战事宜时指出：现在不是我们要不要打的问题，而是敌人逼得我们非打不可。我们的自卫是正义的，正义的战争最后一定会胜利的。现在朝鲜政府一再要求我们出兵援助，我们怎能见死不救呢？党中央、毛主席决心已定，因此现在不是考虑出不出兵的问题，而是考虑出兵后如何去争取胜利的问题。①

正是上述思想统一了高层领导的思想认识，消除了担心和顾虑，中共中央最终郑重作出"抗美援朝，保家卫国"的决策。1950 年 10 月 8 日，中国人民革命军事委员会主席毛泽东发布组成中国人民志愿军命令，由彭德怀任中国人民志愿军司令员兼政治委员。10 月 19 日夜晚，彭德怀统率中国人民志愿军以雄赳赳、气昂昂的非凡英姿，跨过了鸭绿江！

抗美援朝战争第一次战役旗开得胜后，毛泽东在 1950 年 10 月 27 日谈到出兵决策的思考情况：朝鲜局势紧张的那段时间，我们讨论这个问题有很多天是睡不着觉的，但是，今天我们可以高枕无忧了。他说，我们迫切需要和平建设，如果要我讲和平建设的理由，可以说有百条千条，但这百条千条的理由不能抵住六个大字，就是"不能置之

---

① 参见《周恩来年谱（1949—1976）》上卷，中央文献出版社 1997 年版，第 84 页。

不理"。现在美帝的侵略矛头直指我国的东北，假如它真把朝鲜搞垮了，纵不过鸭绿江，我们的东北也时常在它的威胁中过日子，要进行和平建设也有困难。所以，我们对朝鲜问题，如果置之不理，美帝必然得寸进尺，走日本侵略中国的老路，甚至比日本搞得更凶。它要把三把尖刀插在我们的身上，从朝鲜一把插在我们的头上，以台湾一把插在我们的腰上，把越南一把插在我们的脚上。天下有变，它就从三方面向我们进攻，那我们就被动了。我们抗美援朝就是不许它的如意算盘得逞。"打得一拳开，免得百拳来。"我们抗美援朝，就是保家卫国。[①]

这里，还要辨析两个曾经鼓噪一时的问题：

一是所谓朝鲜战争是中国鼓捣发动的。在 20 世纪八九十年代，有的学者声称，苏联档案中有材料表明朝鲜战争是中国人鼓捣发动起来的。在苏联解体后，俄罗斯政府解密了一批关于朝鲜战争的历史档案，包括斯大林、毛泽东、金日成之间的电报和活动往来，发动朝鲜战争的真相基本大白于天下。这些档案文件表明，1950 年 1 月底苏联改变了以往对朝鲜半岛的政策，4 月中旬金日成秘密访问莫斯科，与斯大林会谈，斯大林表示了"对朝鲜人所拟方案的最终认可"。5 月中旬，金日成秘密访问北京，谈到斯大林

---

① 参见《毛泽东年谱（1949—1976）》第一卷，中央文献出版社 2013 年版，第 230 页。

的态度。毛泽东感到疑惑，当晚由周恩来向苏联驻华大使表示请斯大林迅速回电说明情况。次日，罗申转达斯大林的回电后，毛泽东才没对经斯大林认可的朝鲜统一计划表示异议。这一点在后来毛泽东与米高扬的谈话中得到了印证。"金日成来，说斯大林同意了。我想，三国，已经有两国同意了，我也就没有坚决反对。"① 杨尚昆的回忆也证实了这个问题。根据他的秘书所撰文章，杨尚昆谈到，10月5日中央政治局会议上彭德怀发言后，毛泽东为说服那些有顾虑的人，将中、苏、朝三国比喻为"三驾马车"，说这辆车是三匹马拉的，那两匹马执意向前跑，你又有什么办法呢？恰好此时师哲（毛泽东的秘书）带苏共中央代表科瓦廖夫来找毛泽东。毛泽东在丰泽园会见苏联客人后返回会场说：你们看，果不其然，那两匹马一定要拉，我们不拉怎么得了！会议随即作出了出兵的决定。② 所以，胡乔木讲到毛泽东对抗美援朝的决策时说："现在，有人说在苏联的档案中发现了什么材料，说朝鲜战争是我们让打的。可以肯定，这是胡说八道。中央的会议我都参加了，根本没有这回事。我们出兵是迫不得已，非常不情愿的。老实讲，当时内战刚刚结束，我们国内一大堆问题，我们绝不可能

---

① 参见沈志华《毛泽东、斯大林与朝鲜战争》，广东人民出版社 2013 年版，第 215 页、第 223—224 页。

② 参见苏维民《杨尚昆谈抗美援朝战争》，《百年潮》2009 年第 4 期。

鼓动朝鲜发动战争。"[1]

二是所谓抗美援朝是毛泽东对美国北进意图误判作出的决策。在 20 世纪七八十年代，美国有关方面陆续公布了关于朝鲜战争的一些历史档案材料，说明以美国为首的"联合国军"过了三八线北进朝着鸭绿江方向攻打时，美国政府没有侵犯中国的意图。据说，美国国家安全委员会制定的一份文件规定，战争必须限制在朝鲜范围以内，无论中共部队是有组织地公开投入朝鲜战争，还是进攻台湾、澎湖列岛或印度支那，都不要使美国军队卷入一场与中国的全面战争。还有材料表明：为了不使美国与中国发生战争，美国政府多次否决了麦克阿瑟将军关于封锁和轰炸中国的提议，云云。据此，能否说中国作出抗美援朝决策是对美国意图作了错误判断的结果呢？显然，这涉及对美国方面公布的这些材料怎么分析，对美国政府代表人物怎么认识的问题。我们姑且不怀疑这些材料的真实性，但是否全面，谁能打包票？那时公布这些材料的一个重要背景，是美中两国都在努力改善关系。这些材料不能说与此没有任何关系。更重要的是美国的政策不是固定不变的，即使信誓旦旦地承诺也会出尔反尔。君不见，在朝鲜战争爆发前，美国政府曾表示不干涉台湾问题，但朝鲜战争爆发后

---

[1] 胡乔木：《胡乔木回忆毛泽东》（增订本），人民出版社 2014 年版，第 87 页。

第三天，其第七舰队就入侵台湾海峡，阻挠我解放台湾。次日，毛泽东在中央人民政府委员会发表讲话指出："杜鲁门在今年一月五日还声明说美国不干涉台湾，现在他自己证明了那是假的，并且同时撕毁了美国关于不干涉中国内政的一切国际协议。"① 周恩来在 1963 年讲到抗美援朝的决策时说："当时，我们发表政府声明，警告美国不要越过三八线，进逼鸭绿江，否则，中国决不能置之不理。美国不听，一直进逼鸭绿江，逼我们到墙角，我们才进行抗美援朝。"② 所以，毛泽东和党中央关于抗美援朝的决策不存在什么"误判"问题。这是美国侵略军将战争推进到三八线以北后，中国共产党人要作出反应的必然结果。历史只能作出这样的选择！

---

① 《毛泽东外交文选》，中央文献出版社、世界知识出版社 1994 年版，第 137 页。

② 《周恩来外交文选》，中央文献出版社 1990 年版，第 328 页。

第二篇

运筹帷幄决胜于千里之外的最高统帅

抗美援朝战争是党领导的人民军队自建军以来所进行的一场非常特殊的战争。它创造了多个第一：第一次出国在境外作战；第一次与兄弟国家军队联合作战；第一次同以美国为首的拥有高度现代化装备的"联合国军"作战；第一次长时间地在极端严酷的自然环境和后勤保障极端困难的条件下作战；第一次最直接地肩负着保卫世界和平的使命作战。这多个第一决定了这次战争并非一场单纯的军事行动，它还担负着重要的政治责任和国际义务。因此，抗美援朝战争的最高统帅就不能不由身经百战、具有丰富的政治智慧、深谙战争指挥艺术的党和国家最高领导人毛泽东来担当。尽管毛泽东没有身处抗美援朝战争前线，而是运筹帷幄于中南海，但这场特殊战争的最高统帅非他莫属。

（一）这是由需要正确处理好中朝两党、两国、两军关系的特殊使命决定的

抗美援朝首先涉及中朝两党、两国、两军关系问题，这不是以作战为主要任务的中国人民志愿军领导人能够完全处理得了的，必须由毛泽东出面直接处理。事实上，朝鲜战争爆发后，毛泽东就一直高度关注战局的发展。还在1950年8月上旬，鉴于美国武装侵朝，战局增加了很大变数，党中央和毛泽东就已经表明了援朝抗美的意向。美军在朝鲜西海岸仁川登陆五天后，朝鲜战局发生急剧变化，9月20日毛泽东致电金日成：一方面对朝鲜人民军的英勇作战表示钦佩，另一方面又对下一步作战提出了建议。电报说：请考虑在坚持自力更生、长期奋斗的总方针下如何保存主力便于各个歼灭敌人的问题。在作战上，必须集中兵力，每一次作战以少数兵力及火力，分路钳制多数敌人，而以多数兵力（三至五倍）及火力（二倍以上）的绝对优势，围歼被我分割的少数敌人（例如一个团）。作战最忌平分兵力，最忌只能击溃或阻止敌人而不能歼灭敌人有生力量。只要能歼灭敌人有生力量，哪怕每次只歼灭敌人一个团一个营也好，积少成多，就可逐步将敌人削弱下去，而利于长期作战。如果美军火力配备强，一时难于突入分割，则宜考虑先以李承晚伪军为对象，集中火力，每次歼灭其

一二个团，每月歼灭其一二个师，半年后即可尽歼伪军，剪去美帝爪牙，使美帝陷于孤立，然后各个歼灭之。在持久战的原则下，必须充分地估计到困难方面，一切人力物力财力的动员和使用，必须处处作长期打算，防止下级发生孤注一掷的情绪。敌人要求速决害怕持久，而我人民军则速决既不可能惟有以持久战争取胜利。这是将我军的制胜法宝毫无保留地悉数作了介绍。毛泽东最后表示："以上所陈，系站在朋友和同志的立场提出供你们参考。是否有当，尚祈考虑见复。"①

10月1日，敌军径直越过三八线，麦克阿瑟向朝鲜发出"最后通牒"，要朝鲜人民军无条件"放下武器停止战斗"。当天深夜，金日成紧急约见我驻朝大使倪志亮，向中国政府提出派兵支援请求。2日凌晨，毛泽东即电我驻朝大使转金日成，告以被敌隔断的朝鲜人民军如何尽快撤至三八线以北。"你们的军队必须迅速北撤，愈快愈好，如遇敌人拦阻，亦应破坏笨重武器，分路从敌人间隙中插过来，不能撤者则留在敌后坚持分散游击。以上建议，妥否，请立复，并盼以具体情况见告。"②

在中国人民志愿军入朝作战前，毛泽东主要是"站在

---

① 参见《毛泽东年谱（1949—1976）》第一卷，中央文献出版社 2013 年版，第 195 页。

② 参见《毛泽东年谱（1949—1976）》第一卷，中央文献出版社 2013 年版，第 200 页。

朋友和同志的立场"提出建议。中国人民志愿军入朝作战后，处理好两党、两国、两军关系更为重要。它直接影响到抗美援朝战争的进程和前途。毛泽东对此高度重视，格外谨慎。中共中央作出派志愿军应邀入朝作战的决定后，他即致电金日成，请朝方派负责同志到沈阳与彭德怀等会商志愿军入朝作战的相关事项。同时，在以中国人民革命军事委员会主席名义发布的组建中国人民志愿军的命令中指出："我中国人民志愿军进入朝鲜境内，必须对朝鲜人民、朝鲜人民军、朝鲜民主政府、朝鲜劳动党（即共产党）、其他民主党派及朝鲜人民的领袖金日成同志表示友爱和尊重，严格地遵守军事纪律和政治纪律，这是保证完成军事任务的一个极重要的政治基础。"①

基于上述立场，毛泽东在志愿军入朝后，特别关注解决好这样几个问题：

第一，要求志愿军领导人主动与金日成通报情况。在志愿军入朝前夕，毛泽东就电告彭德怀，布置好工作后即去与金日成会面。10 月 21 日，彭德怀率志愿军入朝两天后即辗转前往金日成隐蔽处会面。金日成迎接说：我代表朝鲜党和政府及朝鲜民主主义人民共和国人民，热烈真诚地欢迎彭德怀同志！彭德怀转达了毛泽东等领导人的问候，

①《建国以来重要文献选编》（第一册），中央文献出版社 1992 年版，第 419 页。

向金日成介绍志愿军先头部队情况。彭说：志愿军先头部队有 4 个军和 3 个炮兵师，此外还有高射炮团、工兵团、汽车团等部共 25 万余人，已于 19 日晚分批自安东（今辽宁省丹东市）、长甸河口、辑安（今吉林省集安市）渡鸭绿江入朝。根据敌军兵力装备占绝对优势的情况，已建议毛泽东再调两个军尽快入朝参战，这样第一批入朝的志愿军将达到 6 个军 30 多万人。中央军委准备再调两个兵团共 6 个军作为第二批志愿军入朝，以后根据实际情况还可继续增调。金日成对中共中央和毛泽东的全力援助表示衷心感谢。

第二，提议朝鲜方面派人参加志愿军领导机构协调两军作战。彭德怀与金日成会面时曾提出：为便于朝、中两军协调作战，希望金日成率人民军总司令部和志愿军司令部住在一起，随时协商处置重大问题。金日成表示还有许多问题急待他去解决，拟另派人作为朝鲜方面代表住在志愿军司令部，重大问题可通过朝鲜方面代表协商解决。志愿军入朝后的作战行动，则请彭德怀指挥处置。① 彭德怀将会面情况向毛泽东汇报后，10 月 24 日，毛泽东电彭德怀，告以两件事。第一件事就是提出人民志愿军司令部的组成，请与金日成商量，以一位朝鲜同志为副司令兼副政委，或者以一人为副司令、一人为副政委。② 彭德怀告以相关情况

① 参见《彭德怀传》，当代中国出版社 1997 年版，第 413 页。

② 参见《毛泽东年谱（1949—1976）》第一卷，中央文献出版社 2013 年版，第 224 页。

后，毛泽东即为中共中央起草关于志愿军领导机构设置和主要干部配备的电报。

第三，赞同成立中朝军队联合司令部，要求志愿军与朝鲜人民军一起，为战胜共同敌人奋斗到底。在志愿军进行两次战役期间，朝鲜人民军重新组建了 4 个军团。为使中朝两军在对敌作战中能互相配合，协调一致，彭德怀向毛泽东和朝方提出中朝两军实行统一领导指挥问题。12 月初，金日成应邀赴北京与毛泽东商谈。两国领导人就战争的长期性、团结广大人民孤立少数敌人的政策、中朝两军搞好关系和统一指挥等问题，深入交换了意见。双方决定：成立不对外公布的中国人民志愿军和朝鲜人民军联合司令部，以统一指挥两国军队作战和前线的一切活动；联合司令部下属两机构，即中国人民志愿军司令部和朝鲜人民军参谋部，合驻一处办公；以彭德怀为中朝联合司令部司令员兼政治委员，朝方金雄（时任朝鲜人民军前线司令官）为副司令员。金日成回国后即同彭德怀就朝中军队组成联合司令部问题进行具体协商。12 月 7 日（收复平壤的次日），中朝联合司令部正式成立。1951 年 1 月中旬，彭德怀拟在中朝军队高级干部联席会议上作报告。毛泽东认为报告稿很好，电告彭"请事先送金首相阅正，商得其同意"。并且在报告稿最后加写了一段话："中朝两国同志要亲如兄弟般地团结在一起，休戚与共，生死相依，为战胜共同敌人而奋斗到底。中国同志必须将朝鲜的事情看做自己的事情一样，教育指挥员战斗员爱护朝鲜的一山一水一草一木，不拿朝鲜人民的一针一线，如同我们在国内的看法和做法一样，这就是胜利的政治基础。只要我们能够这样做，最后胜利就一定会得到。"①

第四，协调中朝两军联合行动的作战方针。在中朝联军即将收复平壤之际，毛泽东复电彭德怀并转金日成：在敌人已退出平壤的情况下，我西线主力可以在现地多休息几天，建议金日成同志及联合指挥部及志愿军司令部，南移至德川以南适当地点；在志愿军第九兵团附近的朝鲜第三军团应受第九兵团宋时轮同志指挥，请金日成同志对第三军团下达命令；集中在距离平壤还有相当路程的人民军两个军团，请金日成同志速令其接受彭德怀、金雄等同志的指挥，随志愿军一起向平壤以南出动，配合志愿军作战；请金日成同志速派党政人员入平壤，恢复政权，维持秩序。第二次战役结束后，毛泽东又复电彭德怀并告金日成等：现在的形势和十一月间的形势相比已经改变，当时决定派人民军两个军团深入朝鲜南部的计划现在应加改变。不但人民军不要深入南部，而且全军主力（包括人民军）在此次战役后，应当后退几十公里进行休整，使美李（指李承晚）两军感觉安全，恢复其防线，以利我军春季歼敌。（全

---

① 参见《毛泽东年谱（1949—1976）》第一卷，中央文献出版社2013年版，第284—285页。

军）休整一个月至两个月，补充新兵，恢复体力，总结经验，筹备粮弹，修通道路，补齐衣被鞋袜，整顿纪律，改善中国同志与朝鲜同志的关系，改善军队与人民群众的关系（严格实行三大纪律、八项注意），做好居民群众工作，加强军队中的政治动员（不消灭朝鲜境内的敌人不回国），为春季作战进行充分的准备工作。

第五，对发布作战公报极其谨慎，重要的新闻稿亲自撰写。10月24日毛泽东致电彭德怀，告知的第二件事就是讲发布作战公报。"如何发布作战公报，请与金商其内容，每次均须得你并报我同意，方式由朝鲜广播台先发表，新华社再转播。此事须妥为商好，以免两歧。"此电足以说明这样的事在毛泽东看来并非"小事"。志愿军取得第一次战役胜利后，毛泽东于11月上旬电告彭德怀：为了迷惑敌人，目前不宜以联合司令部名义发表战报，而应以人民军总司令部名义发表。"战报中应当有几句话提到此次作战有中国人民抗美援朝保家卫国志愿部队（简称志愿部队，对外不称志愿军，对内则称志愿军）参加，并且打得很勇敢。战报起草后请发来看过，然后发表。"随后交代管新闻的胡乔木："一切有关朝鲜主力战场的新闻，都应将朝鲜人民军与中国人民志愿部队联在一起说，不应只提人民军而不提中国人民志愿部队"。① 在中朝

---

① 《毛泽东年谱（1949—1976）》第一卷，中央文献出版社2013年版，第224、238、244页。

联军第二次战役期间，毛泽东为新华社撰写了较长的新闻稿。12 月 6 日，中朝联军解放平壤，他亲自撰写新闻稿，"朝鲜人民军和我国人民志愿军本日解放平壤。美国和其他国家的侵略军以及李承晚匪帮残部，向平壤以南溃退，朝鲜人民军和我国人民志愿军的正规部队，于十二月六日下午二时进入平壤城"。① 毛泽东之所以对作战公报这样重视，就是因为"朝鲜战报现为全国、全世界所注视"。凡军事上有重要发展，例如攻克要地、获得重要战果等，均宜在不泄露军事机密的条件下报道，"发给新华总社审定公布"。②

（二）这是由第二次世界大战后的世界格局和新中国成立时与苏联结盟的特殊关系决定的

第二次世界大战以后，国际形势发生重大变化，逐渐形成以美苏两大强国相互对峙的格局，美苏之间的矛盾同资本主义和社会主义两种社会制度的对抗交织一起。由于历史和现实的原因，新中国成立时，苏联及亚洲、东欧等共产党领导的国家率先同中国建立外交关系，而美国为首的一些西方国家对中国采取敌视态度，我们党别无选择，只能加入以苏联为首的社会主义营垒一边。1949 年 12 月

① 新华社电讯，《人民日报》1950 年 12 月 7 日。
② 参见《毛泽东年谱（1949—1976）》第一卷，中央文献出版社 2013 年版，第 277、278 页。

上旬至 1950 年 2 月中旬，毛泽东访问苏联，与斯大林会谈，最终签订了《中苏友好同盟互助条约》（以下简称《条约》）。《条约》规定：一旦缔约国任何一方受到侵略处于战争状态时，缔约国另一方即尽其全力给予军事及其他援助；双方根据巩固和平与普遍安全的利益，对有关中苏两国共同利益的一切重大国际问题，均将进行彼此协商。[①]

抗美援朝战争就是在这个大背景下发生的。这场战争不能不涉及世界大格局的演变和中苏朝三国的利益协调。这样事关全局性问题，在我国只能由党和国家的最高领导人出面商谈解决，特别是由于斯大林的特殊地位和影响，抗美援朝战争的许多重大问题，一方面需要与他沟通，交换意见，尊重他的建议。另一方面又要保持国家尊严和独立自主立场。这也决定了抗美援朝战争的最高统帅只能是毛泽东。

第一，关于交涉苏联空军掩护和武器装备援助问题。朝鲜战争的爆发，中国方面并不知情。但战争爆发后还在朝鲜人民军快速南进之时，毛泽东就对战局可能发生的变化未雨绸缪。7 月中旬，在苏联方面表示要对中国实行空中掩护并用喷气式飞机装备我国空军之后，毛泽东致信斯大林表示特别感谢之意。10 月 1 日，当南朝鲜军越过三

―――――――――

① 参见《建国以来重要文献选编》（第一册），中央文献出版社 1992 年版，第 119—120 页。

八线，斯大林来电要求中国立即派出至少五个师到三八线，以便让朝鲜组织起保卫三八线以北地区的战斗。10月2日至10月18日，中共中央多次开会讨论是否出兵入朝作战问题。10月上旬到中旬，周恩来在苏联与斯大林和苏联其他领导人商谈苏联空军掩护和武器装备援助的有关事项。当苏方表示苏联空军目前不能出动掩护时，党中央和毛泽东坚定地表示，我们不论有天大的困难都要出兵，即令打不过美国人也要打，义无反顾地决定抗美援朝。

在中国人民志愿军跨过鸭绿江打响入朝作战第一枪后，斯大林的态度发生了改变。10月底，中国政府得到通知，苏联空军将在安东地区担任防空，并可飞越中朝边境。此后，苏联空军实际上参加了在中朝边境的朝鲜北部上空作战，掩护后方运输补给线。同时，由苏联帮助和培训的中国空军也于1951年春投入战斗，这也增强了后方补给线的保障力量。在志愿军发动第一次战役取得胜利后，毛泽东无比喜悦和充满信心地电告斯大林："据我的观察，朝鲜的战局，是可以转变的。现在我志愿军十六个师在朝鲜西北战线方面，已给了敌人第一个打击，已经初步地立稳了脚跟，只要能再给该线敌人（八个师）以一个至二个较大的打击，就能将该线的防御局面改变为进攻局面，而这是有可能的。东北战线方面，我志愿军仅有两个师，敌人（五个师）还很猖獗，现正增派八个师去，准备给敌人一个打击，转变该线的战局。"① 斯大林得到这一讯息后，对中国人民志愿军表示敬佩，进一步改变了对中国要求援助的态度。1951 年 3 月 1 日，中朝联军进行第四次战役时后方补给线遭到敌军疯狂轰炸，毛泽东致电斯大林希望苏联空军深入朝鲜内地上空作战，并转述彭德怀的请求说：彭德怀同志希望苏联尽快派空军掩护中朝军队的后方补给线；我们仍希望在今年下半年从苏联增加六千辆运输汽车的贸易订货。两天后，斯大林很爽快地复电，同意增派两个苏联驱逐机师入朝作战，增建机场，供给六千辆汽车，并主动表示还可以提供高射炮以掩护机场，并供应高射炮炮弹。3 月 15 日，斯大林又电苏联驻中国军事总顾问转告毛泽东或周恩来："我们决定从苏联再调拨一个大型歼击机师到安东去，以便两个原定掩护安东的中国歼击机师调往前线。"② 三天后，毛泽东致电斯大林："感谢您关于派遣两个驱逐机师在别洛夫将军指挥下进入朝鲜境内作战，并增派一个大驱逐机师至安东，以掩护中朝军队后方的决定。"③

　　斯大林对苏联空军出动态度的转变，一方面说明他还是履行了一年前签订的《中苏友好同盟互助条约》的义务

---

①　《毛泽东年谱（1949—1976）》第一卷，中央文献出版社 2013 年版，第 241 页。

②　参见沈志华《毛泽东、斯大林与朝鲜战争》，广东人民出版社 2013 年版，第 337 页。

③　《毛泽东年谱（1949—1976）》第一卷，中央文献出版社 2013 年版，第 310—311 页。

的；另一方面也说明他对志愿军打赢这场战争的前景看好，乘势帮一把，无论从哪方面说都没有坏处。据有关方面统计，苏联空军从 1950 年 11 月 1 日开始，在中朝边境鸭绿江地区上空与美国空军作战。从 1951 年第二季度开始，苏联志愿空军秘密出动至朝鲜境内清川江以北地区上空，担负掩护铁路运输和掩护后方目标的作战任务，保持 4 至 7 个团的兵力，直到朝鲜战争结束。整个战争期间，苏联轮番参战的空军人数达 7.2 万人，进行空战 1872 次，击毁敌机 1106 架，自身损失飞行员 120 人和飞机 335 架。[①]

关于武器等军事物资援助，从 1950 年 10 月周恩来访苏开始，我们国家先后派出多个代表团前往莫斯科与斯大林和苏联政府有关方面商谈，苏方基本满足了中国不断提出的飞机、大炮、坦克、鱼雷快艇、装甲舰等军事装备的要求。完全可以说，抗美援朝战争的胜利，苏联提供的军事援助功不可没。毛泽东后来谈起此事说："我看也还是要感谢苏联，它总帮助了我们军火和弹药嘛，算半价。还有汽车队呀。"[②]

第二，关于中朝联军指挥权问题。在中国人民志愿军

---

① 参见军事科学院军事历史研究所《抗美援朝战争史》（第 3 版）上卷，军事科学出版社 2014 年版，第 274 页；沈志华：《毛泽东、斯大林与朝鲜战争》，广东人民出版社 2013 年版，第 340 页。

② 《毛泽东传（1949—1976）》（上），中央文献出版社 2013 年版，第 124 页。

应邀入朝作战时，指挥权不成问题。当时，人民军新组建的部队还在我国东北地区整训，与志愿军一起参加作战的部队有限。在彭德怀与金日成初次会面时，金日成明确表示，志愿军入朝后的作战行动，请彭德怀同志指挥处置。此前，斯大林在 10 月 1 日致电罗申大使转告毛泽东希望中国立即派五六个师入朝作战时，已说明中国的军队"当然由中国的指挥员统率"①。在中朝联军第一次战役进行时，两军由于没有统一协调，再加上语言不通，多次发生人民军误击志愿军事件，甚至使被围之敌得以逃脱，在物资供给、交通运输等方面也出现相当混乱的局面。

面对这样不利于战争的情况，在第一次战役结束后，彭德怀多次考虑人民军总部最好与志愿军总部靠近，以协调统一指挥、相互配合作战。他甚至提出成立由金日成、苏联驻朝大使和他本人一起组成三人小组，负责决定与作战有关的协调指挥和军事政策等问题。但是，指挥权是个很敏感的问题，成立三人小组关系重大。此事既涉及朝方的主权和尊严，又涉及一个营垒的三国关系，不能擅自决定。中共中央非常谨慎，先是在 1950 年 11 月 8 日由周恩来致电我驻朝使馆并告彭德怀、高岗：目前正值战役间隙期间，毛主席嘱向金首相建议，可否于本月 10 日前后，到

---

① 参见沈志华《毛泽东、斯大林与朝鲜战争》，广东人民出版社 2013 年版，第 359 页。

彭德怀同志处晤面，商讨在朝作战和供应，与朝鲜人民军和机关进入东北后的训练、安置及其他问题；不知金首相意见如何，请速询告，以便通知高岗同志赶往。① 金日成同意就以上问题会商后，11 月 13 日毛泽东致电斯大林，并转告了彭德怀的意见。该电说：我曾向金日成提议利用目前作战间隙，去前线与彭德怀会商作战等问题，金已同意，并与贵国大使同往。彭德怀同志提议，希望金日成和贵国大使组成三人小组，"负责决定军事政策，包括建军、作战、正面战场和敌后战场以及与作战有关的许多现行政策，求得彼此意见一致，以利战争进行。我们同意这个提议，现特电告，请求您的指示"。如斯大林认为可行，即请由斯大林向苏联大使和金日成同志提出。"现在的重要问题是朝、苏、中三国在那里的领导同志们能很好地团结，对各项军事政治政策能取得一致的意见，朝鲜人民军和中国人民志愿军在作战上能有较好的配合……胜利是有把握的。"三天后，斯大林于 16 日回电毛泽东，同意由中国同志统一指挥，并将此意同时电告金日成和苏联驻朝大使，苏联驻中国军事总顾问也赞同斯大林的意见。②

由于有了斯大林的明确态度，12 月初金日成应邀访问

---

① 参见《建国以来周恩来文稿》第三册，中央文献出版社 2008 年版，第 475 页。

② 参见《建国以来周恩来文稿》第三册，中央文献出版社 2008 年版，第 515 页。

北京，与毛泽东等领导人商谈成立前述中朝军队联合司令部事宜。周恩来代表中共中央起草了中朝两方关于成立中国人民志愿军和朝鲜人民军联合司令部的协议。① 这个协议在征得金日成同意后，中朝联合司令部于 12 月上旬正式成立。这个联合司令部的权限远远高于原来设想的三人小组，而且斯大林对苏联驻朝军事顾问作了调整，指示苏联驻朝大使不再过问任何军事问题，这样，三人小组就没有必要了。

第三，关于打到三八线是否南下追击问题。我志愿军进行的两次战役，先是粉碎了麦克阿瑟在 11 月感恩节前结束战争的美梦，随后又使其对"联合国军"在圣诞节回国的信誓旦旦的许诺彻底泡汤。中朝两军将"联合国军"全部赶到三八线以南，使战局恢复到朝鲜战争爆发前的原点。我志愿军和朝鲜人民军取得了由战略防御转入进攻的主动

---

① 该协议内容如下：一、为更有效地打击共同敌人，中朝两方同意立即成立联合指挥部，统一指挥朝鲜境内一切作战及其有关事宜；二、中朝两方相互同意推任彭德怀为联合指挥部司令员兼政治委员，金雄为联合指挥部副司令员；三、朝鲜人民军及一切游击部队和中国人民志愿军受联合指挥部统一指挥，联合指挥部发给他们的一切命令统经朝鲜人民军总司令部及中国人民志愿军司令部下达；四、联合指挥部有权指挥一切与作战有关之交通运输（公路、铁路、港口、机场、有线无线的电话和电报等）、粮秣筹措、人力物力动员等事宜，联合指挥部凡关此类命令，视其管辖关系，分别经由朝鲜人民军总司令部或中国人民志愿军司令部下达；五、凡属朝鲜后方的动员支前、补充训练及地方行政的恢复等工作，联合指挥部得根据实际情况和战争需要向朝鲜政府提出报告和建议；六、凡关作战的新闻报道，统一由联合指挥部指定机关负责编审，然后交朝鲜新闻机关以朝鲜人民军总司令部名义统一发布之。

权。同时，两次战役后我志愿军减员数万人，急需休整补充。彭德怀致电毛泽东，建议志愿军在三八线以北数十里休整，补充新兵 6.5 万人，便于明春再战时歼敌主力。但这时，一方面，志愿军的两次大胜，使朝鲜党政军民希望志愿军扩大战果，继续南进；另一方面，联合国安理会通过"决议"，要求我军停止于三八线以北。基于国际政治考量，毛泽东电告彭德怀必须越过三八线，寻机歼灭一部美伪军。志愿军党委服从大局、克服困难，毅然于 1950 年跨年之夜发起第三次战役，不仅将敌军赶过了三八线，而且收复了南朝鲜首都汉城（今韩国首都首尔），将战线从三八线向前推进到三七线北，实现了发动第三次战役的任务。不须避讳的是，这次战役的顺利推进，主要是敌军也实行了诱我深入的战术，他们主动后撤，诱我南进，意图待我军疲劳消耗殆尽后，再正面反击，从侧翼截击，断我军北回归路而歼灭之；也由于敌军主动放弃一些阵地，其有生力量并未受到重创，战果不像前两次辉煌。彭德怀敏锐地识破了敌军的诡计。同时，经过三次战役，"战斗的和非战斗的减员，已接近部队的半数，急需休整补充，准备再战"。[①] 因此，他果断地下令部队停止追击，后撤休整。

对于彭德怀的这一决策，朝鲜方面和苏联顾问不大理解，认为敌军南逃，只要乘胜追击，美军就会很快退出朝

---

① 《彭德怀自述》，人民出版社 1981 年版，第 261 页。

鲜半岛；哪有打胜仗的军队不追击敌人、发展胜利成果的?! 中朝两军内部，轻敌速胜的情绪也在滋长。对于是否休整一段时间再南进这个问题，彭德怀与金日成在1951年1月中旬面对面地坦率交换了意见。经彭德怀详细汇报志愿军的困难后，两人商定：军队就地休整补充，召开前述的中朝两军高级干部会议总结经验以利再战。此前，毛泽东多次表示过支持彭德怀对于作战方针的处置，不赞同战争速胜的观点。他在志愿军出国时就说过，"这次派志愿军出国，我们中央一些同志经过周详的考虑研究，制定了持久战的战略"。① 志愿军打响第一次战役后，对于朝方对作战方针的异议，他复电彭德怀指出："争论和分歧在相当长的时期内存在着，要待打了很多的胜仗，中国同志的意见在事实上多次证明是正确的，那时才会被朝鲜同志所赞同和信服。"② 第二次战役后，金日成应邀访问北京，毛泽东会见时明确地说：我们准备至少打一年，朝鲜方面也应做长期打算；你们现在比以前更强了，最初越过三八线快速南进后方空虚的时候是最弱的；现在既懂得胜利又懂得失败，有了经验就更强了。第二次战役结束后，他电告彭德怀和金日成指出："战争仍然要做长期打算，要估计到今后

① 《毛泽东年谱（1949—1976）》第一卷，中央文献出版社2013年版，第230—231页。

② 《毛泽东年谱（1949—1976）》第一卷，中央文献出版社2013年版，第240页。

许多困难情况。要懂得不经过严重的斗争，不歼灭伪军全部至少是其大部，不再歼灭美英军至少四五万人，朝鲜问题是不能解决的，速胜的观点是有害的。"①

对于志愿军打到三八线还是否南进的问题，斯大林知道中朝方面有不同看法后，明确表示赞同彭德怀的意见。毛泽东将此情况电告彭德怀说：斯大林同志认为"志愿军的领导认为是正确的，他批评了许多错误的议论，他了解朝鲜作战中的困难，他自动提议增加汽车二千辆，解决你们的困难问题"，中央军委已通令全国军队"每连抽老兵二十人，如进行顺利，可于二月间集中第一批四万余人补充志愿军"。②斯大林还批评苏联驻朝大使不懂军事，不准再干扰彭德怀，"真理在彭德怀同志手里"，"彭德怀是久经考验的统帅，今后一切听彭的指挥"，并称赞彭德怀是当代天才的军事家。③

抗美援朝战争期间，中、苏、朝三国领导人和主要指挥员，由于国情党情、文化背景和个人经历等诸多不同，以及对利益关系的认识有异，对于上述问题有相异看法是正常的，经过沟通也是能解决的，因为三国在政治制度、

---

① 《毛泽东年谱（1949—1976）》第一卷，中央文献出版社 2013 年版，第 267 页。

② 《毛泽东年谱（1949—1976）》第一卷，中央文献出版社 2013 年版，第 269 页。

③ 参见《彭德怀传》，当代中国出版社 1997 年版，第 444 页；王焰主编《彭德怀年谱》，人民出版社 1998 年版，第 461 页。

意识形态和根本利益方面是一致的。在我们国家，只有毛泽东能担当此任。仅此，说他是抗美援朝战争最高统帅也是毫无疑义的。

（三）最根本的，这是由毛泽东非凡的文韬武略个人特质决定的

所谓"非凡"，就是他具有一般人不具备的智力和敢于出手的胆力。他在总结抗美援朝战争取得的军事经验时说：抗美援朝经过三年，取得了伟大胜利，靠的是领导的正确，没有正确的领导，事情是做不好的。中国人民志愿军的各军兵种取得了对美国侵略军实际作战的经验，这是了不起的经验。由此，他讲到距今一千七八百年前的三国历史故事说："《三国志》里有很多战例，蕴含着很深的战略战术。三国时代，刘备终不能取天下，首先是因为误于诸葛亮初出茅庐时的《隆中对》，其为刘备设计的战略本身就有错误。千里之遥而二分兵力，其终则关羽、刘备、诸葛亮三分兵力，安得不败？"①《隆中对》，千百年来一直被人们称为军事战略的经典，几乎没有人怀疑过诸葛亮神机妙算的战略天才。只有毛泽东独具慧眼，认为这是刘备不能取天

---

① 《毛泽东年谱（1949—1976）》第二卷，中央文献出版社 2013 年版，第 180 页。

下的根本战略失误。毛泽东的非凡胆略，为人们津津乐道的历史上的四渡赤水和转战陕北姑且不论，就是这次在斯大林最初不出动空军支援而他却毫不动摇地决定出兵援朝，也使许多负责同志打心底里佩服。彭德怀回顾这段历史说："这不仅要有非凡的胆略和魄力，最主要的是具有对复杂事物的卓越洞察力和判断力。历史进程证明了毛主席的英明正确。"① 彭德怀在土地革命战争时的搭档，红三军团政委、时任中共中央办公厅主任的杨尚昆在 1951 年元旦的日记中写道："主席决定志愿军入朝之举，实是万分英明的、有远见的决定，事至今日则已如黑白之分明。如果当时要让我来决定，我则会偏于'苟安'！诚如主席所说，不仅（不）要近视、短视，而且必须远视、长视。决不可以（只看）眼前的，忽视了前途、远景！'高瞻远瞩'盖即指此也。"②

毛泽东的高瞻远瞩非一般人所及，诚如彭德怀所言，他具有对复杂事物的卓越洞察力和判断力。这就是最高统帅所需要的文韬武略个人特质的具体内涵。当年美国总统杜鲁门在任命和罢免麦克阿瑟的"联合国军"总司令、远东美军总司令职务时，曾自称是以"美军最高统帅的名义"在行使职权。如果说杜鲁门这个"最高统帅"更多是美国宪法赋予的一种权力，那么毛泽东这个中华人民共和国武

---

① 《毛泽东传（1949—1976）》（上），中央文献出版社 2003 年版，第125 页。

② 《杨尚昆日记》（上），中央文献出版社 2001 年版，第 68 页。

装部队的"最高统帅"则不仅仅是权力的象征，更多的是他具有最高统帅的罕见本领，是名副其实领导我中国人民志愿军进行抗美援朝战争的最高统帅。

还在 1950 年 7 月中旬，美国操纵组建"联合国军"干预朝鲜战事之初，我国刚在鸭绿江边部署边防军之时，周恩来委托我驻朝代办转告金日成，请朝鲜政府"提供比例尺分别为 1 比 10 万、1 比 20 万、1 比 50 万的朝鲜地图各 500 张"。① 在那时这些也算"高清"地图了。正是凭借这样的"高清"地图，毛泽东与彭德怀等前线指挥员经常互动，对战场态势、双方兵力部署、地理地貌和交通运输状况了如指掌，因而对战事作出科学决断，及时不断地发出具体指示，运筹帷幄决胜于千里之外。

提出正确作战方针，是决胜的前提条件，也是文韬武略的具体展现。通过解析毛泽东是怎样提出或决定五次战役的作战方针以扭转朝鲜半岛局势的，就可以窥见抗美援朝最高统帅非凡的文韬武略。

1. 第一次战役：抓住战机、先打弱敌的作战方针旗开得胜。毛泽东谈到打仗的经验时多次说过，我是不打无把握之仗的。这次入朝作战也是如此。在志愿军入朝之时，毛泽东了解到敌军的进攻方向与此前有所变化后，即提出

---

① 参见沈志华《毛泽东、斯大林与朝鲜战争》，广东人民出版社 2013 年版，第 263 页。

作战的三条指导原则。一是正在部署的战役是否能利用敌人完全没有料到的突然性全歼两个、三个甚至四个伪军师。此战如果是一个大胜仗，敌人将立即处于被动地位。如果这次突然性的作战胜利不大，则形势将改为于敌有利。二是敌人飞机杀伤我之人员、妨碍我之活动（程度）究竟有多大？如果我利用夜间行军作战能做到很熟练的程度，则我军可以继续进行野战及打许多孤立据点，如此便有迫使美国和我进行外交谈判之可能；如果敌人飞机对我的伤亡和妨碍（程度）大得使我无法进行有利的作战，在我飞机（装备）条件尚未具备的半年至一年内，我军将处于很困难的地位。三是如果美国再调五个至十个师来朝鲜，而这以前我军又未能在运动战中及打孤立据点的作战中歼灭几个美军师及几个伪军师，则形势也将于我不利；反之，则于我有利。"以上这几点，均可于此次战役及尔后几个月内获得经验和证明。我认为我们应当力争此次战役的完满胜利，力争在敌机炸扰下仍能保持旺盛的士气进行有力的作战，力争在敌人从美国或他处增调兵力到朝鲜以前多歼灭几部分敌人的兵力，使其增补赶不上损失。总之我们应在稳当可靠的基础上争取一切可能的胜利。"①

　　毛泽东务求初战必胜。为了打胜第一仗，他在那段时

---

　　① 《毛泽东年谱（1949—1976）》第一卷，中央文献出版社 2013 年版，第 220、222 页。

间与彭德怀等前线指挥员电报往来频繁，有时一天内给彭德怀等发去七八个电报。鉴于美军和李伪军迅速大举北进，直向中朝边境逼近，决定实行"在运动中消灭敌人的方针"。10月21日晨2时半，他致电彭德怀、邓华等前线负责同志：美伪军未料到我志愿军参战，（故）敢分为东西两路放胆前进。"此次是歼灭伪军三几个师争取出国第一个胜仗，开始转变朝鲜战局的极好机会，如何部署，望彭、邓精心计划实施之。""这一仗可能要打七天至十天时间（包括追击）才能结束，我军是否带有干粮？望鼓励全军，不惜牺牲，不怕艰苦，争取全胜。"一个钟头后，毛泽东再致电彭、邓等："现在是争取战机问题，是在几天之内完成战役部署以便几天之后开始作战的问题，而不是先有一个时期部署防御然后再谈攻击的问题。"① 两天之后，又是发数电给彭德怀等前方指挥员，抓住战机，统一指挥作战："敌进甚急，捕捉战机最关紧要。两三天内敌即可能发觉是我军而有所处置，此时如我尚无统一全军动作的处置，即将丧失战机。因此，你们应迅速乘车至彭处，与彭会合，在彭领导下决定战役计划，并指挥作战。""此次战役必须集中尽可能多的兵力，准备连续打几个仗。"②

---

　　① 《毛泽东年谱（1949—1976）》第一卷，中央文献出版社 2013 年版，第 218 页。

　　② 《毛泽东年谱（1949—1976）》第一卷，中央文献出版社 2013 年版，第 223、224 页。

　　毛泽东紧锣密鼓的电报，如数道"金牌"。彭德怀等前方指挥员研究不断变化的敌情后，在入朝后第一次作战会议上决定：实施彭德怀提出的大胆战役迂回，以分割包围穿插的战术在运动中寻机歼敌，力求稳定局势，站稳脚跟，然后再反击敌人的作战方案。根据敌军两路北进、西线由伪军打头阵抢先到鸭绿江的态势，彭德怀集中 38 军、39 军、40 军全部及 42 军一部于西线的云山、熙川地区，以优势兵力在运动中围歼敌军；东线则由 42 军主力在长津以南阻击，保障西线各军侧翼安全。10 月 25 日上午，西线敌军多路急速北进，窜入了志愿军布下的口袋阵，我军采取"拦头、截尾、斩腰"战法，将敌军几百人全歼，从而打响了抗美援朝战争第一战。也正因为如此，10 月 25 日，被定为中国人民志愿军抗美援朝出国作战纪念日。

　　10 月 25 日这一天是第一次战役非常成功的开端。根据敌军分兵作战，我军难以一仗聚歼敌两三个师的状况，彭德怀决定以军和师分途歼灭敌之一个团和两个团的战法，求得整个战役能歼灭敌一两个师的有生力量。毛泽东于次日复电，赞同彭的作战方案。在我志愿军多次围歼南朝鲜军后，麦克阿瑟仍不以为意，命令号称"王牌军"的美军第一骑兵师一个团北渡清川江到达云山地区，我志愿军部队将该团大部围歼，并击毙该师另一个团的团长。这次战斗，是我志愿军与美军的首次交战，书写了以劣势装备的志愿军打败现代化装备的所谓"王牌军"的历史记录。

由于敌军尝到了吃败仗的苦头，11 月初，其主力在飞机、大炮和坦克掩护下，全部撤到清川江以南。11 月 7 日，我志愿军与"联合国军"之间第一次战役，以歼敌 1.5 万余人的战果宣告结束。这次战役，将敌军从逼近鸭绿江赶回至清川江。如毛泽东所预料的，这次战役的主要作战时间也就是 8 到 10 天。

2. 第二次战役：以诱敌深入寻机各个歼敌为方针。第一次战役取得了初胜，但没有歼灭敌军主力获得大胜。还在第一次战役展开不久，毛泽东就在考虑加大兵力投入。原计划第二批入朝的宋时轮第九兵团拟提前过鸭绿江加入战斗。10 月 27 日，毛泽东复电彭德怀等：宋时轮已来京面谈，九兵团定 11 月初进行整训，前线如有战略上急需可以调用。10 月底 11 月初，毛泽东电令第九兵团陆续开动，加入中国人民志愿军序列。11 月 3 日和 4 日，彭德怀在考虑第二次战役的作战部署时致电毛泽东，拟让第九兵团加入。次日，毛泽东复电彭德怀等，就第九兵团的作战任务和指挥问题明确指出：东线的江界、长津方面应确定由宋兵团全力担任，以诱敌深入寻机各个歼敌为方针。尔后该兵团即由你处直接指挥，我们不遥制。九兵团之一个军应直开江界并速去长津。① 毛泽东提出的第九兵团的作战方

---

① 参见《毛泽东年谱（1949—1976）》第一卷，中央文献出版社 2013 年版，第 238 页。

针，也就是整个第二次战役的作战方针。这个作战方针与彭德怀在志愿军第一次党委扩大会议上总结第一次战役时提出的下一步的作战方针完全一致。

第二次战役是场恶战。麦克阿瑟不甘心失败，发起"圣诞节前回国总攻势"，调集 22 万军队、飞机 1200 余架，东西两路并进，声称在圣诞节前占领全朝鲜。我志愿军党委根据毛泽东的指示，召开会议对第二次战役进行具体部署。志愿军第一线作战部队达 9 个军约 40 万人，为"联合国军"第一线兵力的 1.7 倍，在东西两线我志愿军地面兵力均占优势。彭德怀指出：我军虽在兵力上占优势，但装备太差，不能同敌人硬拼，要避其锐气，边打边退，诱其深入。我军可后撤 30 至 50 公里以分散敌人，然后在运动中寻机歼敌。毛泽东复电彭德怀等：作战意图，均很好，请即照此稳步施行；争取在本月内至十二月初的一个月内东西两线各打一二个仗，共歼敌七八个团，将战线推进至平壤、元山间铁路线区域，我军就在根本上胜利了。①

1950 年 11 月 24 日，"联合国军"东西两路地面部队在数百架飞机配合下发起全面进攻。敌军被我志愿军诱至预设战场，我西线各军发起大规模反击。先是西线 38 军、42 军在德川、宁远地区经过激战打开了战役缺口，接着东线第九

---

① 参见《毛泽东年谱（1949—1976）》第一卷，中央文献出版社 2013 年版，第 239 页。

兵团配合西线作战向敌军发起了进攻。毛泽东获悉西线歼灭李伪二军团主力 5000 余人后，于 28 日在致彭德怀等庆祝胜利的复电中指出："此次是我军大举歼敌根本解决朝鲜问题的极好时机，西线争取歼灭五个美英师及四个南朝鲜师，东线争取歼灭两个美国师及一个南朝鲜师，是完全可能的，整个战役准备打二十天左右，分为许多个大小作战，中间包括几次小休整，每次少者一天二天，多者三天四天，整顿队势，接着再打，这样就全体说来，牺牲反会比较少一些，比较更节省些。望你们鼓励士气，争取大胜。"①

彭德怀遵照毛泽东电令，指示各部队立即穿插运动、分割包围在清川江北企图南逃的美军数万人，予以各个歼灭之。我 38 军 113 师一夜疾驰 70 公里，先是抢占了敌军南逃北援的交通要道三所里，随后又主动西插至龙源里，切断了美军主力第 8 集团军南逃的两条退路。113 师这时远离 38 军军部，孤军深入敌后 80 公里，在有严重伤亡的极端困难情况下，坚定地挡住了突围之敌和北援之敌的两面进攻。这样，西线战场呈现敌我交错、包围反包围的奇特战争态势。就西线整个战场言，以美军为主力的"联合国军"处在我志愿军南北夹击的包围之中，但就战场的核心区域三所里和龙源里这一局部战场言，我 113 师又处在南逃之敌和北援之敌

---

① 参见《毛泽东年谱（1949—1976）》第一卷，中央文献出版社 2013 年版，第 249 页。

的包围之中。这一场大战我军能否取得大胜的关键，就在于113 师能否控制住三所里和龙源里。彭德怀命令西线 6 个军对被围困之敌展开猛烈进攻，不断靠近 113 师，缓解其压力。113 师不负期望，一次又一次地击退了拼死突围的敌军，牢牢地守住了三所里和龙源里要道。他们以血肉之躯坚持 50 多个小时，使南逃北援之敌相距不到 1 公里，但始终不能牵手会合，从而为第二次战役的大胜奠定了基础。38 军 113 师的顽强作战精神深深地感动了彭德怀。12 月 1 日，他在通报全军嘉奖 38 军的电报中，破例地加写了"三十八军万岁"一语，并解释说："这次战役的胜利，三十八军起了关键性作用，打得好，就是万岁嘛！"① 此后，38 军被称为"万岁军"，名扬天下。毛泽东致电彭德怀等，认为此次西线歼敌二万余，是一个大胜利。

在我西线部队于 11 月 25 日对敌发起大规模进攻同时，东线我军第九兵团也于 27 日向进犯长津湖之敌发起突然攻击。他们早已构筑了对敌三面包围的态势，冒着零下近 30 摄氏度严寒，与敌连续战斗，收复了兴南地区及沿海港口。毛泽东致电祝贺第九兵团取得很大胜利，赞扬他们在极困难条件之下，完成了重大的战略任务。在敌军从西线和东线两路纷纷南逃后，毛泽东立即致电我志愿军向平壤挺进。

① 王焰、蒋宝华编：《中国人的脊梁——彭德怀》，人民出版社 1998 年版，第 227 页。

12月6日，中朝军队收复平壤。随后，我西线和东线部队都逼近了三八线，第二次战役胜利收官。此役从11月25日开始到12月24日结束，我志愿军连续作战一个月，歼灭"联合国军"3.6万余人，其中美军2.4万余人。第二次战役最伟大的战果，就是基本收复了朝鲜民主主义人民共和国的领土。

毛泽东对此次战役所获得的巨大胜利及其经验给予高度评价。他在批转彭德怀关于38军在第二次战役中经验总结的报告上指出："为彻底消灭敌人，部队应不怕疲劳，采取大的迂回包围，猛插敌后，断敌退路；部队发起攻击时，首先以精干部队突破敌阵地，抢夺敌炮兵，使敌失却支援，便我顺利歼敌；对突围之敌应采取头击、腰击、尾击三种打法，力求先将敌人打乱，再分股分段歼灭之。"志愿军的作战经验证明，"我军对于具有高度优良装备及有制空权的美国军队，是完全能够战胜的"。[①]

这次战役，是我志愿军对美军打击最为沉重，也是我军打得最为惊心动魄的一次战役。同时我志愿军的伤亡也不少，达3.07万人，与敌军的伤亡对比是0.85∶1。特别不幸的是，毛泽东的长子毛岸英在11月25日美国飞机对志愿军司令部的轰炸中牺牲了。他当时任司令部的俄文

----

① 《毛泽东年谱（1949—1976）》第一卷，中央文献出版社2013年版，第263页。

翻译和机要参谋。当天，彭德怀即向中央军委专门汇报了此事。第二年 2 月彭德怀回国向毛泽东请示工作时又详细地讲述了毛岸英牺牲的经过和处理情况，并十分内疚地表示，没有保护好岸英，自己应承担责任。毛泽东宽慰彭德怀说："打仗总是要死人的嘛！中国人民志愿军已经献出了那么多指战员的生命，他们的牺牲是光荣的。岸英是一个普通的战士，不要因为是我的儿子，就当成一件大事。"他还叮嘱彭：现在美国在朝鲜战场上使用各种飞机一千多架，你们千万不能疏忽大意，要采取一切措施保证司令部的安全。①

3. 第三次战役：越过三八线再打一仗，专找伪军打，陷美军于孤立。我志愿军经过两次战役严重减员。仅东线作战的第九兵团，由于气候寒冷、给养缺乏和战斗激烈，减员达 4 万人之多。毛泽东致电彭德怀、宋时轮等："中央对此极为怀念。为了恢复元气，养精蓄锐，以利再战，提议该兵团在当前作战完全结束后整个开回东北，补充新兵，休整两个月至三个月，然后再开朝鲜作战。"② 事实上，不仅第九兵团减员厉害，其他各军也如此。因此，在第二次战役还未结束时，志愿军党委在研究何时打第三次战役时

① 李庆山：《国门亮剑：抗美援朝纪实》，人民出版社 2010 年版，第 216 页。

② 《毛泽东年谱（1949—1976）》第一卷，中央文献出版社 2013 年版，第 262 页。

致电毛泽东，建议志愿军在三八线以北数十里休整补充，让敌人占着三八线，以便明春再战时歼灭敌主力。彭还提出须补充新兵 6.5 万人。

但国际政治形势的发展不容许我志愿军等到来年春天再进行第三次战役。1950 年 12 月 13 日和 17 日，毛泽东电告彭德怀等，"目前美英各国正要求我军停止于三八线以北，以利其整军再战。因此，我军必须越过三八线。如到三八线以北即停止，将给政治上以很大的不利"，"此次南进，希望在开城南北地区，即离汉城不远的一带地区，寻歼几部分敌人。然后看情形，如果敌人以很大力量固守汉城，则我军主力可退至开城一线及其以北地区休整，准备攻击汉城条件"，"如果敌人放弃汉城，则我西线六个军在平壤、汉城间休整一时期"，"明年一月中旬补充一大批新兵极为重要"。在南朝鲜作战，"每一战役，以歼灭美李军一万人左右至多两万人为目标，兵力似已够用"。①

根据毛泽东的指示电，彭德怀部署了进军三八线的作战方案。12 月 21 日毛泽东复电彭德怀下达了第三次战役的作战方针。该电指出：你对敌情的估计是正确的。必须作长期打算。美英正企图诱我停战，故我军此时越过三八线再打一仗，然后进行休整是必要的。打法完全同意你的

---

① 《毛泽东年谱（1949—1976）》第一卷，中央文献出版社 2013 年版，第 261、262 页。

意见，即目前美英军集中于汉城地区，不利攻击，我应专找伪军打。就总的方面说，只要能歼灭伪军全部或大部，美军即陷于孤立，不可能长期留在朝鲜。如能再歼灭美军几个师，朝鲜问题更好解决。就此次战役说，如果发展顺利，并能找到粮食，则春川、加平、洪川地区可能寻歼更多的伪军。在战役发起前，只要有可能，即应休息几天，恢复疲劳（的身体），然后投入战斗。主动权在我手里，可以从容不迫地作战，不使部队过于疲劳。如不顺利则适时收兵，到适当地点休整再战，这个意见也是对的。①

美国第 8 集团军新任司令员李奇微接受该军在第二次战役遭受重创的教训，在兵力部署上将战斗力较强的美、英军集结在重点防守的汉城周围及汉江沿岸。我志愿军和朝鲜人民军在一线兵力 30 多万人，超过敌军兵力近一倍。彭德怀将其组成左右两路突击纵队，利用 1951 年新年元旦敌军疏忽之机，在夜晚向敌军阵地发起猛烈进攻，一举突破其构筑的东西长 200 多公里、纵深 15 至 20 公里的三八线防区。敌军害怕中朝军队迂回包围，再次陷入绝境，于 1951 年 1 月 2 日全线撤退。彭德怀决定乘胜追击，我军于 4 日占领汉城，5 日渡过汉江，8 日攻克仁川，将敌军驱赶至三七线附近。这次战役，中朝军队的作战条件极为艰苦。

---

① 参见《毛泽东年谱（1949—1976）》第一卷，中央文献出版社 2013 年版，第 264 页。

他们冒着狂风暴雪和零下 20 摄氏度的严寒，忍饥挨饿，连续 8 昼夜追击，将战线向南推进了 80 至 110 公里。但敌军似是有计划撤退，未能大量歼灭敌军主力，所歼 1.9 万余人多为李伪军。彭德怀分析，敌人显然有诱我军南下，在侧翼袭击的意图，重施仁川登陆伎俩。有鉴于此，彭德怀断然下令停止前进，占领有利地形，防敌反扑。此次战役即告结束。

第三次战役有两个重要特点。一是我志愿军入朝作战以来，这是第一次打有纵深多道防线的阵地进攻战。由于战前进行了充分准备，此役开始后，攻坚突破、摧毁防线，向纵深进军没有遇到多大障碍。二是我志愿军入朝作战以来，这是第一次与重建的朝鲜人民军 7 万多人联手进行大规模作战，并在联合司令部的统一指挥下获得了胜利。这预示着两军协同作战将会取得更大胜利。

4. 第四次战役：实施轮番作战方针，进行积极防御。第三次战役后，我部队久战疲劳，伤亡减员未得补充，物资补给严重困难，急需休整。志愿军党委给中央军委的报告提出，根据年前毛泽东致彭德怀等电，打完这一仗，"然后休整两个月，准备春季攻势"，要求从 1 月 8 日起立即转入休整，并准备部署春季攻势。①

---

① 《毛泽东年谱（1949—1976）》第一卷，中央文献出版社 2013 年版，第 269 页。

但是，美军第 8 集团军司令李奇微不甘心中朝军队未能进入他设计的圈套，便改变战术，利用我军没有后方供应保障的弱点，不断组织猛烈攻击，使我军难以长期连续作战。从 1951 年 1 月 25 日开始，"联合国军"以多路纵队进行全面反攻。中朝军队被迫停止休整，立即转入防御作战。1 月 28 日毛泽东复电彭德怀等："我军必须立即准备发起第四次战役，以歼灭两万至三万美李军。""我军没有补兵，弹药也不足，确有很大困难。但集中主力向原州、荣州打下去，歼灭几部分美军及四五个南朝鲜师的力量还是有的。"[①] 2 月 4 日，中央军委电告彭德怀：同意你在第四次战役中所采取的防御作战方针；同时，鉴于我入朝部队大量减员，要完成此次战役积极防御的作战任务困难甚大，中央军委决定将过去从国内部队抽调老兵补充志愿军的办法，改为以军为单位成建制地由国内调往朝鲜前线，实行轮番作战。2 月 9 日，毛泽东批准了中央军委《关于轮番作战问题的指示》。这个指示明确指出：目前敌人的作战意图是，在站住阵地之后，经过休补，寻找机会，进行反攻，一方面扩大侵占地区，另一方面不容我军在前线作较长期的休整。"为粉碎敌人之意图，坚持长期作战，以达大量消灭敌人完全解决朝鲜问题之目的，决定在朝鲜采取

---

① 《毛泽东年谱（1949—1976）》第一卷，中央文献出版社 2013 年版，第 293 页。

轮番作战的方针。"①

　　第四次战役由于敌我双方作战部署变化，战争持续时间较长，呈现为两个阶段作战特点。

　　第一阶段作战从 1951 年 1 月下旬开始，双方兵力大体相当。"联合国军"投入地面部队 25 万余人，中朝军队第一线兵力共 28 万余人，但敌军的飞机、大炮、坦克和物资供给占明显优势。这意味着第一阶段的中朝军队作战异常艰辛。彭德怀为加强前线各军作战指挥，将两军组成东、西、中三个集团，由副司令员邓华、韩先楚、金雄分别指挥。② 根据敌军试攻态势的兵力部署和我方前线情况，彭德怀实施"西顶东放"作战方案，即西线在汉江两岸顶住敌军，东线让敌军进入我方阵地，在运动中寻机歼敌。毛泽东批准这个方案，复电："部署甚好，预祝胜利。"③ 战役打响后，西线战斗异常激烈。敌机猛烈轰炸，汉江开始解冻。为避免背水作战，我西线集团第 50 军主力和人民军第 1 军团撤至汉江北岸组织防御，38 军仍留汉江南岸向中线横城地区集结，并保障东线部队侧翼安全。敌军占领仁川港后，

──────────

　　① 《毛泽东年谱（1949—1976）》第一卷，中央文献出版社 2013 年版，第 299—300 页。

　　② 东线为人民军第 2、第 3、第 5 军团，由联军副司令员金雄指挥；西线为志愿军第 38 军、第 50 军和人民军第 1 军团，由联军副司令员韩先楚指挥；中线为志愿军第 39、第 40、第 42、第 66 军，由联军副司令员邓华指挥。

　　③ 李庆山：《国门亮剑：抗美援朝纪实》，人民出版社 2010 年版，第 199 页。

猛攻 38 军主要阵地。在敌炮火猛烈轰击下，38 军指战员顽强抗击，虽大量杀伤敌军，节节抗击，但伤亡很重。在中线和东线，中朝各军部署相距较近，易于互动策应。敌军战斗力较弱的李承晚伪军集结在横城地区，彭德怀决定由志愿军邓华集团和人民军金雄集团 7 个军，对横城地区之敌进行战役反击。经过两夜一天战斗，围歼了北进的李伪军。横城反击战的胜利，使敌军在东线后撤 26 公里，减缓了西线我军承受的压力。

第一阶段作战于 2 月 16 日结束，历经 23 天，歼敌 2.2 万余人。虽在横城反击战后为扩大战果的围歼攻坚战中受挫，但阻止了敌军突破我主要阵地大规模北进，将战线推至平壤、元山一线的企图。同时，在这个阶段战斗中，我部队伤亡较多，兵员亟待补充；参与轮番作战的部队还没有入朝，到达前线更需时日；敌军经过短暂休整后即将再次发动进攻，第二阶段更加艰苦的作战已揭开序幕。鉴于此种严重情况，忧心如焚的彭德怀在作好第二阶段部署、交由邓华全权指挥后，急电毛泽东请求回京向中央直接报告。

1951 年 2 月 21 日，彭德怀面见毛泽东，报告了四大困难，请求中央及时解决。一是伤亡很大，兵员得不到补充，战斗力减弱；二是敌机狂轰滥炸，道路、车辆毁坏严重，物资得不到保障；三是正值严冬季节，战士衣服单薄破烂，大量（战士）生病和冻伤；四是几十万指战员得不到充足的粮食供应，没有新鲜蔬菜，营养不良，许多人有夜盲症。"我们如不能有效地保障后方的交通运输，是无法坚持长期作战的。"毛泽东沉思良久说："中央对志愿军在朝鲜前线的困难处境很关心，根据现在的情况来看，朝鲜战争能速胜则速胜，不能速胜则缓胜，不要急于求成。"① 毛泽东的这一指导思想，使彭德怀顿时感到"有了一个机动而又明确的方针"。彭德怀提出的各种困难，由中央军委召集各部门负责人逐条讨论，轮番作战部队及时入朝和交通运输保障物资供应等问题都陆续得到了解决。

第四次战役第二阶段作战，从 2 月 17 日开始。这一阶段任务主要是迟滞敌军进占三八线，为第二番部队到达前线作战争取时间。具体安排是在南起汉江北岸至横城一线，北至三八线的地区，部署三道防御阵地，相应地将部队分为两线，采取节节阻击的运动防御方式，争取两个月时间，为第二番部队开进集结反击作准备。3 月初，彭德怀在返回朝鲜途中已见第二番部队入朝，源源不绝地向南开进。他到达设在上甘岭的司令部时，正值敌军集中 20 多万兵力分两路强渡汉江，企图从中朝军队阵地中间突破，迂回包围，夺回汉城，向三八线以北推进。彭德怀和联合司令部首长研究决定：各军后撤，以第二线部队接替第一线部队

————————

① 李庆山：《国门亮剑：抗美援朝纪实》，人民出版社 2010 年版，第212 页。

继续采取运动防御方式进行阻击，展开机动灵活的运动防御作战。随后对各部撤至三八线以后的防御进行部署，吸引敌军深入进至我军歼敌有利地区，再实施战役反击。"联合国军"在遭到顽强抵抗于 3 月 15 日占领汉城后，投入空降部队，以更加猛烈的攻势向三八线推进。至 3 月底，中朝联军在第二道防御阵地已阻击 20 天，完成预定阻敌任务，主力全线撤至三八线以北附近地区。

"联合国军"进抵三八线后，面临着是否再越过这条两国分界线的问题。经过七八个月侵朝作战，特别是尝到我志愿军前三次战役给予其沉重打击的苦果后，不仅美国内部反对越过三八线的呼声强烈，而且英法等国政府也不赞成越过界限，认为应当建立"事实上的停火"，谋求同中朝两国通过谈判结束战争。但是，麦克阿瑟自恃拥有绝对优势的武器装备和海、空军支援，坚持以武力建立"统一的朝鲜"，要将军事行动扩展到中国的沿海地区和内陆工业基地，并鼓励台湾蒋介石反攻大陆。总统杜鲁门认为麦克阿瑟的主张不符合美国目前的利益和战略方向，当即解除了麦克阿瑟"联合国军"总司令及所兼一切职务，任命李奇微接替。

新任"联合国军"总司令李奇微了解到中朝军队主动后撤，由原来的节节阻击变为节节诱敌，准备实施大规模反击的战略意图，并发现我志愿军第二番部队已抵达前线阵地后，遂令各路进攻部队停止进击。中朝军队亦不再反攻。这样，长达两个多月的第四次战役第二阶段作战，在我歼敌 5.5 万余人后亦告结束。

第四次战役两个阶段作战历时约 87 天（从 1 月 25 日至 4 月 21 日），中朝军队将运动战和阵地战紧密结合，运用坚守防御、战役反击和运动防御等多种形式，共歼敌 7.8 万余人，超过前三次战役歼敌人数总和。"联合国军"虽然由三七线推进到三八线附近，但平均每天前移 1.3 公里，要付出伤亡约 900 人的代价。

5. 第五次战役：不能速胜则缓胜，实施"零敲牛皮糖"作战方针。到第四次战役结束，志愿军入朝作战整整半年。经过前三次战役的战略进攻和第四次战役的积极防御，还有 2 月下旬听取彭德怀的面报，毛泽东对抗美援朝战争复杂性、艰巨性和长期性的认识深化了。他提出的"不能速胜则缓胜"思想，就是对战争复杂性、艰巨性和长期性认识的概括。这个思想在 1951 年 3 月初致斯大林的电文中进一步明确。该电说：从目前进行的第四次战役可以看出，敌人不被大部消灭，是不会退出朝鲜的，而要大部消灭这些敌人，则需要时间。因此，朝鲜战争有长期化的可能，至少我应做两年的准备。目前敌人的作战意图是企图与我进行消耗战。"我军必须准备长期作战，以几年时间，消耗美国几十万人，使其知难而退，才能解决朝鲜问题。"①

---

① 《毛泽东年谱（1949—1976）》第一卷，中央文献出版社 2013 年版，第 310 页。

"不能速胜则缓胜"，其实就是第五次战役的指导思想。1951年2月下旬彭德怀的北京之行，与毛泽东也研究了第五次战役的作战方针。他在4月召开的志愿军党委扩大会议上说：党中央和毛泽东同志确定的新的战争指导总方针是"战争准备长期，尽量争取短期"。全国军队准备补充60万。"我实行轮番作战，改善志愿军装备，改善供给运输线，加强后勤机构，并努力准备空军、装甲部队参战，这就是为了尽可能争取短期。"① 在消灭敌人的战术上，毛泽东也在不断地进行总结。他在致彭德怀的电报以及同陈赓等几次谈话中指出：历次战役证明，我军实行大迂回，一次包围美军一个整师，甚至一个整团，都难达到歼灭任务。这是因为美军在现时还有颇强的战斗意志和自信心。为了打落敌人的这种自信心以达到大围歼的目的，似宜每次作战野心不要太大，"每军一次以彻底干脆歼灭敌一个营为目标。一次战役使用三四个军（也可多一点），其他部队整补待机，有机会就打"，"同意彭总提出的不断轮番各个歼灭敌人的方针，即'零敲牛皮糖'的办法"。②

根据毛泽东的上述思想，彭德怀制定的作战方案是：战役分割和战术分割相结合，"从金化至加平线劈开一个缺口，将敌人东西分割"，"战术分割是小块小块的分割，大

---

① 《彭德怀军事文选》，中央文献出版社1988年版，第385页。
② 《毛泽东年谱（1949—1976）》第一卷，中央文献出版社2013年版，第350—351页。

的包围迂回同小的迂回包围必须密切结合"。毛泽东复电彭德怀："完全同意你的预定部署，望依情况坚决执行之。"①

　　第五次战役是志愿军入朝作战后所打的一次规模最大、投入兵力最多的大战。我第二番部队第 19 兵团和第 3 兵团共 6 个军已开进前线，加上原有第一番部队 9 个军，共有 5 个兵团 15 个军 90 多万人参战，加上朝鲜人民军 3 个军团 8 万多人，总兵力达 100 万。过去的兵员不足问题缓解了，后勤供应有了好转，空中掩护和坦克、大炮等武器装备也有所改善。敌方投入的兵力也有百万之众，且在武器装备方面占有优势，不仅有技术精良的装甲兵和炮兵，还有制空权。这是一场大战，就其战争规模和激烈程度言，丝毫不逊于第二次世界大战中任何一次战役。

　　这次战役分多个阶段进行。第一阶段是从 4 月 22 日开始的。中朝联军 12 个军的突击部队在西线以排山倒海之势突然向以美军为主力的"联合国军"发起进攻，东线也随即向李伪军展开攻击。经过三天三夜激战，全部进抵三八线以南。敌军使用了新的战术：前进时步步为营，后退时节节抗击，我军歼敌有限。考虑到朝鲜地形狭窄，海岸线长，港口较多，敌又有强大海军和空军力量，随时会进行登陆作战，一旦登陆成功，我军将两面受敌。敌很有可能

---

　　① 李庆山：《国门亮剑：抗美援朝纪实》，人民出版社 2010 年版，第 225 页；《毛泽东年谱（1949—1976）》第一卷，中央文献出版社 2013 年版，第 326 页。

重演仁川登陆一幕，对我夹击。鉴于历史教训，志愿军党委决定我军主力不宜南进过远，以 5 个军相机追击至三七线。同时，作好应对敌军可能登陆的作战准备。中央军委和毛泽东对此种情况也很担心，复电彭德怀说："目前自应以敌人会很快登陆作准备，免陷被动。"①

根据毛泽东指示，鉴于敌军主力在西线撤至汉城，并沿汉江一带组织布防，在汉城以北地区歼敌战机已失，彭德怀等中朝联合司令部首长决定，各突击部队停止进攻，迅速整补待机，准备再战。至此，第五次战役第一阶段作战结束（从 4 月 22 日至 4 月 29 日），歼敌 2.3 万余人。这一阶段战斗，夺回了战场主动权，扭转了被动局面。

在第一阶段作战过程中，我军发现美军等"联合国军"主力部署在汉城及汉江一带，东线主要是南朝鲜李伪军。"联合国军"的布防呈现由西南向东北的斜线态势，兵力部署是西强东弱。特别是我西线联军直抵汉城地区后，东线防守李伪军的侧翼空隙突出。彭德怀根据中央军委和毛泽东多歼李伪军，以孤立、分散美军的指示精神，在结束第一阶段作战之前就已秘密向东转移兵力，围歼南朝鲜军。在我东移部队完成战役展开和进攻准备后，5 月 16 日打响了第二阶段战斗。志愿军第二番部队第三兵团和入朝后就在东线作战的第九兵团共 6 个军及朝鲜人民军 3 个军团一

---

① 《周恩来军事文选》第四卷，人民出版社 1997 年版，第 194 页。

齐出动，向南朝鲜军两个师实施钳击合围。激战 3 日，歼敌 1.7 万余人，缴获该两师全部重装备。但是，新任美军第 8 集团军司令范佛里特在发现志愿军主力已东移后，一面在西线向我军阵地猛烈攻击，一面调美军迅速东移，堵塞了中朝联军的战役缺口。同时，敌军形成了东西连接的完整防线，再次阻挡了我军的攻势。鉴于我军又增加不少伤亡，粮食供应不能就地筹补，且接近雨季，再继续前进，不易消灭敌人，还徒增困难。彭德怀向中央军委报告情况后，毛泽东复电："根据目前情况，收兵休整，准备再战，这个处置是正确的。"① 这样，中朝联军停止对敌进攻，第二阶段作战结束（从 5 月 16 日至 5 月 21 日）。在此阶段，中朝联军歼敌亦为 2.3 万余人。

　　第五次战役前两阶段虽然每个阶段的作战都没有超过一个星期，但歼敌人数不少。由于部队连续打了两次大仗，也很疲劳，中朝联合司令部在结束第二阶段作战时就下达了转移休整命令。敌军发现我军北撤，便于 5 月 23 日集中 4 个军 13 个师兵力对我转移部队跟踪追击。这就打响了我军在转移阶段的作战，或者说是非典型的第三阶段作战。敌军的快速部队将我军隔断，使第二番部队第三兵团的一个师被敌三面包围。尽管志愿军司令部首长多次派部队救

---

　　① 《毛泽东年谱（1949—1976）》第一卷，中央文献出版社 2013 年版，第 345 页。

援，但均未成功。该师采取各自分散突围也未果，致使损失惨重。为了阻击敌军追尾，扭转被动态势，彭德怀决定转移部队停止后撤，立即转入防御，封锁敌军主要进攻路线，展开全线阻击战。经过 20 天英勇阻击，歼敌 3.6 万余人。这次转移阶段的作战到 6 月 10 日结束，将敌军阻击在三八线附近。敌我双方都有不小的损伤，各自均转入防御。至此，第五次战役全部结束。

本次战役，中朝联军奋战 50 天，共歼敌 8.2 万余人；同时也付出了伤亡 8.5 万人的代价，特别是一个成建制的师没能突出重围。但是，这次战役双方都投入百万兵力的较量，"联合国军"又被打回到三八线，迫使美国当局认识到，要想吞并朝鲜民主主义人民共和国是根本不可能的，只有坐下来谈判才是结束这场战争的出路。

第三篇

精心谋划停战谈判的总设计师

在第二次战役我志愿军将"联合国军"绝大部分兵力赶回至三八线以南时，一些国家就发出了在三八线停战的声音。

如果说在那时美英等参战国有通过停战以期获得喘息时间，准备卷土再战的图谋，那么经过一次又一次被中朝联军打回三八线展开对峙之后，停战谈判就已成为美英等参战国不能不面对的一种考量。

1951 年 5 月 31 日，受美国政府指派的国务卿顾问以私人名义拜访苏联驻联合国代表马立克，提出"美国准备在联合国或在任何一个委员会，或是以其他任何方式与中国共产党会面，讨论结束朝鲜战争问题"。获悉此讯息后，毛泽东同金日成在北京商谈了可能到来的停战谈判的方针和方案。经中国、朝鲜、苏联三国政府商议后，6 月 23 日马立克在联合国提出和平解决朝鲜问题的建议："交战双方应该谈判停火与休战，双方把军队撤离三八线。"① 一个星期后，"联合国军"总司令李奇微向朝鲜人民军和中国人民志愿军发出举行停战谈判的建议。

7 月 1 日，金日成、彭德怀联名复函李奇微，同意举行停战谈判。自此以后，抗美援朝战争就转入边谈边打、亦打亦谈、以打促谈的阶段。这也就是以政治斗争为主线、以有力的军事斗争相配合并作坚强后盾的新阶段。

停战谈判是面对面的政治斗争，是针锋相对的"口水仗"。谈得拢，就签协议；谈不拢，再兵戎相见。政治斗争以军事斗争为基础，只有军事斗争打赢了，政治斗争才能立于不败之地。毛泽东既是军事斗争的谋略家，又是政治谈判的高手。在抗战胜利前后，他既与蒋介石交过锋，又与美军驻华总司令魏德迈博弈过；新中国成立后访苏还与斯大林会谈过。他既能站在宏观战略高度把握全局，又深谙微观的谈判技巧，攻守进退自如。抗美援朝的两年谈判，是毛泽东伟大人生的精彩华章之一。

毛泽东统领抗美援朝的两年政治谈判是怎么来的，又是怎么打的呢？

先看这两年政治谈判是怎么来的。简单一句话，是美国在战场上打不下去、难以为继了。第一，以美国为首的"联合国军"付出了沉重代价并没有达到目的。从中国人民

---

① 参见《周恩来年谱（1949—1976）》（上），中央文献出版社 1997 年版，第 155 页。

志愿军入朝作战来看，仅仅七八个月，"联合国军"被歼灭的就达 23 万余人；从朝鲜战争近一年战况看，美国军队伤亡就达 8.8 万余人，这相当于它在第二次世界大战中伤亡的近三分之一。美国的物资消耗高达 85 万吨，相当于它援助北大西洋公约组织一年半物资的总和，直接用于战争的经费 100 多亿美元，远高于第二次世界大战中第一年的消耗。人力、物力、财力消耗这样巨大，是其发动侵朝战争之初根本没想到的。第二，长期的战争消耗有悖于美国及其盟国的主要战略目标。第二次世界大战后，美国全球战略的重点在欧洲，所谓"冷战"的最终目标是对付强大的苏联。但仅仅一年光景，美国已动用了陆军总兵力的三分之一，空军总兵力的五分之一，海军总兵力的二分之一，还有英法等欧洲盟国的不少兵力。杜鲁门直言不讳地说："美国的主要敌人正端坐在克里姆林宫里"，"只要这一敌人还没有卷入战场而只在幕后拉线，我们就决不能将我们再度动员起来的力量浪费掉"。[①] 第三，缺乏再继续大规模长期战争的兵员。到 1951 年 6 月，"联合国军"总兵力已增加到近 70 万人，其中美军达 25.3 万人，再打下去，增兵困难。它的战略预备队在国内只有 6 个半师和在日本的两个师，只能用于维护国家安全和全球战略稳定，不能再调来侵朝。因此，美国官方不得不低下一向高昂的头。前美

---

① 《杜鲁门回忆录》第二卷，世界知识出版社 1965 年版，第 534 页。

军驻华总司令魏德迈承认："朝鲜战争是一个无底洞"，再打下去"看不到联合国军有胜利的希望"。① 参谋长联席会议主席布莱德雷在 1951 年 5 月支持总统解除麦克阿瑟职务时发表了一段著名的言论：把战争扩大到共产党中国，"这一战略将使我们在错误的地方，错误的时间，同错误的敌人打一场错误的战争"，进攻共产党中国，"不会使中国屈服"。② 这种状况迫使美国当局调整朝鲜战争政策。正是基于这样的背景，才发生了前面讲的美国政府指派国务卿顾问与苏联驻联合国代表"讨论结束朝鲜战争问题"的那一幕会晤。

对于朝鲜战争的这一进展，毛泽东已有预料，并提出了应对之策。他在 1951 年 6 月初听取第三番部队第二十兵团司令员杨成武汇报入朝作战的准备情况时说：目前，中朝军队将"联合国军"和南朝鲜军，打到了三八线附近，收复了朝鲜北半部领土。尤其是今年 4 月 22 日起，中朝军队发起了第五次战役，粉碎了"联合国军"一再想将战线推至平壤、元山一线的计划，战争双方已转入了对峙阶段。"如今，美国开始有了一点谈判的意向，这是件不容易的事，说明我们的仗打得不错。美国当局已经意识到光靠军事斗争是解决不了问题的。其实，我们并不想打仗。我们

① 《毛泽东传》第三册，人民出版社 2011 年版，第 117 页。

② 《参考消息》1957 年 5 月 7 日；布莱德雷：《将军百战归》，军事译文出版社 1985 年版，第 837 页。

希望有一个和平的环境来建设自己的国家，既然敌人肯坐下来同我们谈判，我们当然同意，不过敌人也很有可能利用谈判搞点什么名堂。"①

这是毛泽东对停战谈判的最初表态，他强调了两点。第一，停战谈判是我志愿军打出来的局面。就美国当局的初衷而言，是想用武力占领北朝鲜，吞并朝鲜民主主义人民共和国，但是自我志愿军入朝以来，经过多番较量，这个野心未能实现。这也使他们不得不面对现实，开始有了一点谈判的意向。毛泽东说"这是件不容易的事，说明我们的仗打得不错"，前述美国军政要员的表态也承认了这一点。第二，停战谈判不可能一帆风顺，"敌人也很有可能利用谈判搞点什么名堂"。这是由敌人的本性决定的。古今中外历史经验表明，敌人在战场上得不到的东西，总想通过谈判来获得。这样，谈判会有曲折，往往出现谈谈停停、打打谈谈。毛泽东向杨成武介绍朝鲜战场形势说："当前，美国一面表示要进行停战谈判，一面又宣称要继续抗击和惩罚中国人民志愿军与朝鲜人民军。自五月二十一日开始，'联合国军'又向北压迫、推进、合围，妄图陷中朝军队于困境。"因此，他指出：敌人是不会轻易认输的，我们"争取和谈，以打促谈"，"还得准备打他几仗"，"准

---

① 《毛泽东年谱（1949—1976）》第一卷，中央文献出版社 2013 年版，第 356 页。

备持久作战，准备打阵地战，同时争取和谈，以达到这场战争的结束"。①

　　停战谈判这场空前的政治斗争从 1951 年 7 月 10 日正式拉开序幕，谈判地点是在三八线附近的历史古都（高丽王朝）开城。还在谈判的酝酿和预备阶段，毛泽东先是与金日成商谈了如何应对可能到来的谈判方针和方案，并就如何提出停战谈判建议的设想征求了斯大林的意见，而在美方接受苏联提出的和平解决朝鲜问题的谈判建议后，他就与进行谈判斗争的主要助手周恩来一起投入到紧张的准备工作之中（在此期间，以毛泽东署名的许多电报都由周恩来先起草，然后毛泽东改定，再发出）。毛泽东对谈判的程序、议程的安排、对方的挑衅，以及可能出现的种种问题都作了细密的思考，并不断提出应对预案和调整建议。

　　进行谈判时，在前方工作的主要有两个班子。一是谈判代表（公开露面的）。在朝方作为朝鲜人民军总司令金日成的代表是南日大将；在中方作为中国人民志愿军司令员彭德怀的代表出席谈判会议的，为中国人民志愿军副司令员邓华和参谋长解方；毛泽东向金日成明确了"此次谈判，是以你的代表为主，中国志愿军的代表为辅"。② 因此，南

---

　　① 《毛泽东年谱（1949—1976）》第一卷，中央文献出版社 2013 年版，第 356、357 页。
　　② 《毛泽东年谱（1949—1976）》第一卷，中央文献出版社 2013 年版，第 366 页。

日大将为朝中方面谈判首席代表。二是谈判工作组（不公开露面的）。它由外交部副部长李克农率领，成员包括外交部国际新闻局局长乔冠华等，协助指导谈判工作。如果说这两班人马是前台的要角，那么毛泽东就是指导他们如何工作的导演。李克农是毛泽东的直接联系人，前方代表团的谈判情况都由李克农向毛泽东汇报，毛泽东的指示也主要通过李克农并告金日成和彭德怀等。

为时两年的谈判主要围绕以下几个问题展开，并有军事斗争配合，促成政治斗争获得成功。对于这两年的停战谈判，毛泽东可谓呕心沥血。它充分展现了毛泽东作为统领停战谈判总设计师的超人谋略。

（一）关于确定谈判议程的交锋

还在谈判的准备过程中，毛泽东就将我方准备的《朝鲜停战的协定》主要内容征求了斯大林和金日成的意见。它包括何时实现停火、以三八线为基准建立非军事区、设立中立国监督委员会、双方停止从朝鲜半岛境外向境内运输军队和军火等物资、双方释放俘虏、一切在朝鲜作战的外国军队限时分批从南北朝鲜撤退完毕等条款。会谈第一天，主要谈议程问题。"联合国军"首席代表特纳·乔埃中将（美国远东海军司令）对议程没有提出任何实质性建议。朝中方面首席代表南日则根据《朝鲜停战的协定》精神，提出了三条原则建议：一是在互相协议基础上，双方同时下令停止一切敌对军事行动；二是确定三八线为军事分界线，双方武装部队同时从该线后撤 10 公里，作为非军事区；三是在尽可能短的时间内从朝鲜撤退一切外国军队，以保证停战和朝鲜问题的和平解决。这三条最重要的是后面一条。"联合国军"首席代表当即表示反对，不同意将此条列入议程。这样，第一天的会谈陷入僵局。毛泽东获悉这一情况后，复电李克农，明确表示"撤兵一条必须坚持"。①

万事开头难。同战场打仗一样，毛泽东导演政治谈判也要求"初战必胜"，掌握谈判主动权。在他的精心指导下，关于议程的初战经历了三个回合。

第一回合：关于记者进入会议区域和会议附近划出中立区的问题。"联合国军"代表不同意将"撤兵"列入议程，但会谈还得进行，还有话题要讨论。第二天，他们单方面带着 20 名记者到开城采访，但事先未通报朝中方面，违反协议，因而遭到拒绝。他们便以此为借口，声称要中断谈判。显然，这是无理取闹。他们也感到理亏失面子，又在两天后提出在开城区域划出中立区的提议。毛泽东知悉后，认为这是对方在找台阶下，于是致电李克农并金日

①　《毛泽东年谱（1949—1976）》第一卷，中央文献出版社 2013 年版，第 374 页。

成、彭德怀：美方"是以划中立区为主题，来掩盖他因记者这个小问题而引起会议停顿的不妥当行动。我方为取得主动起见，决定同意他划中立区的提议，也同意将新闻记者作为他代表团工作人员一部分的办法，以取消敌方的一切借口"。并且还重新起草了以金日成、彭德怀名义给李奇微的复信。其主要内容为：我们同意你所提的将开城地区划为在会议进行期间的中立区，在此区域内双方停止任何敌对活动，及将武装人员完全摒除于会址区域及你我代表团通往会址区域的通路之外的建议；此次引起停会的新闻记者问题是一个小问题，不值得为这个问题停会，为了不因这件小事而使会议陷于长期停顿或破裂起见，我们现在同意你的建议，即将贵方新闻记者代表二十人作为你的代表团工作人员的一部分。① 在这里，毛泽东既表达了朝中方面对和谈的诚意，又展现了他长期练就的斗争策略。停战和谈在此信发出后第二天复会，斗争的第一个回合，朝中方面就很自如地掌握了主动权。

第二回合：关于"撤兵"与"停战"问题的辩论。1951 年 7 月 15 日和谈复会，美方仍拒绝将"撤兵"列入议程。鉴于美方的顽固态度，朝中代表团对谈判议程略作调整：一是只坚持"军事分界线"以建立非军事区，三八线

① 参见《毛泽东年谱（1949—1976）》第一卷，中央文献出版社 2013 年版，第 375 页。

问题以后再提；二是同意对方要求，将实现停火与休战的具体安排纳入议程。两天后，毛泽东在致李克农并金日成、彭德怀电中指出：这几天来，我们在中立区和新闻记者问题上，在议程中的军事分界线及监察和停战的机构问题上都作了让步。有可能会使他们发生错觉，以为我们仍会继续让步。"因此，你们必须在撤退外国军队问题上，不要顾虑对方拒绝讨论，要继续驳斥对方拒绝讨论之非，而且不要去争论这是军事问题还是政治问题，而应着重说明这是保证停战的必要条件，以免掉入敌人故设的逻辑陷阱。"还指出：我们提撤出外国军队是有充分理由的，"各国派兵到朝鲜是来作战的，不是来旅行的，为什么停战会议有权讨论停战，却无权讨论撤兵呢？显然，这种理由是不能成立的。因此，我方坚持会议既然有权讨论停战，也就有权讨论撤兵"，"我们不提议休会，不表示破裂，但也不怕他们破裂"。①

根据毛泽东的指示精神，在撤兵问题上经过几天激烈辩论，"联合国军"代表理屈词穷，语言粗鲁。李克农向毛泽东等报告辩论情况说：我方代表就撤军一事，向对方连续发问进攻，使对方对我方代表所问"为何不同意撤军及停战后将军队留驻朝鲜的目的何在二问题，局促无辞，窘

---

① 转引自《毛泽东传（1949—1976）》（上），中央文献出版社 2003 年版，第 165—166 页。

态毕露","对方至无法答复时,以抽烟遮掩,并频频搔首,作无可奈何状。会中我名正言顺,理直气壮,对方完全陷于被动"。①

第三回合:关于撤军问题的通融方案和整个和谈议程的确定。第二回合的辩论,已赢得国际舆论好评。谁讲理谁不讲理,谁有诚意谁无诚意,一清二楚。美国当局也怕舆论谴责,指令和谈代表在撤兵问题上可以松口。为了使谈判取得进展,毛泽东也提出了新的方案,电告李克农并金日成、彭德怀:我们已经很好地通过撤兵问题揭露了美方是不愿意促进和平的,现在可以确定"此次停战谈判,仍应以争取从三八线上撤兵停战为中心,来实现和平解决朝鲜问题的第一步,至于从朝鲜撤退外国军队问题,可以同意留待停战后的另一个会议去解决而不将其列入此次会议的议程之内",在下次会议上可提出增加"其他有关停战的问题"这一议程,以便各项议程达成协议后,"向双方有关各国政府建议,在停战协定实施后一定期限内召开双方高一级的代表会议,协商从朝鲜分期撤退一切外国军队的问题"。②

1951年7月25日,朝中方面首席代表宣布:为尽快达成协议,早日实现和平,同意将撤军问题留待停战后的另

① 转引自《毛泽东传(1949—1976)》(上),中央文献出版社 2003 年版,第 166 页。

② 《周恩来军事文选》第四卷,人民出版社 1997 年版,第 204、205 页。

一个会议去解决，但要在议程中列入"向双方有关各国政府建议事项"。① 这个建议奠定了确定谈判议程的基础。次日，双方通过了整个谈判要讨论的问题：通过议程；确定双方军事分界线，以建立非军事区；在朝鲜境内实现停火与休战的具体安排；关于战俘的安排问题；向双方有关各国政府建议事项。这样，双方经过 16 天交锋，终于解决了整个谈判的议程问题。随后，会议将进入更加激烈的实质性的谈判。

（二）关于划分军事分界线问题的博弈与粉碎敌人的夏秋攻势

双方的实质性的谈判，首先就是划分军事分界线问题。这个谈判异常艰巨，从 1951 年 7 月 27 日开始，一直到 11 月 27 日才达成协议，整整 4 个月。其间经历了三个阶段。

第一阶段：以三八线为界建立非军事地区谈判的僵持局面。在这一谈判前夕，毛泽东就已预料到关于这个问题的谈判会非常困难。他电告李克农等指出：你们对于双方军事分界线问题应坚持以三八线为界，南北各划若干公里，建立非军事地区的立场不变。同时复电彭德怀，"敌人是否

① 《人民日报》1951 年 7 月 27 日。

真想停战议和，待开城会议再进行若干次就可判明。在停战协定没有签订、战争没有真正停止以前，我军积极准备九月的攻势作战是完全必要的"。[①]

　　谈判开始后，朝中方面提出以三八线为军事分界线的主张，遭到对方一口拒绝，提出为所谓"补偿"其海、空军优势，要求将军事分界线划在离双方战线很远的中朝军队实际控制区域内，企图不战而攫取1.2万平方公里土地。次日，毛泽东致电李克农并告金、彭，指出：美方代表发言狂妄荒谬，完全是战场的叫嚣，并非在谈判停战。你们准备的发言，必须首先质问其有无谋和诚意，还是在准备扩大战争的根据，然后再痛驳其所谓海空军给予地面作战的影响，及地面停战而海空不停战的奇谈。"在目前必须坚持以三八线为军事分界线的主张，并以坚定不移的态度，驳回其无理要求，才能打破敌人以为我可以一让再让的错觉。对于这一点，可以让它争论下去，也许要僵持几天，敌人才会重新考虑。如果敌人决心在这个问题上破裂，发表出去，他将完全陷于被动。"[②] 随后，毛泽东就如何驳斥美方无理要求，揭露其挑衅流氓手段，以及打破谈判僵局问题，接连给前方谈判工作发出指示：

---

　　① 《毛泽东年谱（1949—1976）》第一卷，中央文献出版社2013年版，第380页。

　　② 《毛泽东年谱（1949—1976）》第一卷，中央文献出版社2013年版，第380—381页。

一是坚决开展新闻宣传斗争，揭露敌人的荒谬要求。毛泽东在 8 月 4 日电报中指出：敌人很害怕他的要求被公开出来受到多数舆论指责，故仍在极力反对以三八线为分界线，以掩盖他的要求；同时又通过联合国提出沿目前的战线建立分界线，企图诱使我们在三八线问题上先松口，然后他再提出此建议，与我们讨价还价。"我们的对策，应该在会议中坚持三八线的主张不变，并不断驳斥敌人的荒谬要求，在新闻宣传上具体地揭露敌人的荒谬要求，使会内外的斗争配合起来，逼敌人在这个问题上先松口，然后方可考虑提出我们的方案。因此，我们以新闻揭露与报纸评论来进行斗争，更为刻不容缓之举了。"[①]

二是对敌方一再使用的流氓挑衅手段立即提出抗议。在开会过程中，我方警卫部队一度误入谈判会址地区。美方代表借口此事，不到开城会谈。毛泽东指示：在 7 月 16 日开会期间，美军曾向我板门店中立地区射击，我们并未纠缠此事，此次美方仅为我方武警部队误入会址地区，就这样小题大做；你们应告新华社开城记者写一报道，将两者对照相比，就证明哪方具有和平解决朝鲜问题的诚意，哪方是在玩弄拖延谈判的手腕，以揭露敌人的这一伎俩，是在掩盖其关于军事分界线的荒谬要求。他还指出：敌人

---

① 《毛泽东年谱（1949—1976）》第一卷，中央文献出版社 2013 年版，第 385 页。

懂得我们不会在这类枝节问题上与之破裂，故乃一再使用流氓挑衅手段，向我进逼。在这类事件上我们与之破裂是不必要的，但如表示软弱，不给以严正回驳，不立即抗议，那正中敌人的恫吓诡计。"你们对昨日板门店事件，未立即提出抗议，颇失时机，且亦示弱。望你们根据已经取得的证据，先经过联络官向对方抗议，看对方如何反应。同时，望指示记者速即报道此事。"①

三是适时提出调整划分军事分界线的新方案。经过坚决斗争，美方代表复会。毛泽东指示前方谈判小组，我方现在可提议将三八线定为双方军事分界线的基线，依此基线建立非军事区。这就是"依地形及军事形势划一条线在三八线南北附近，即临津江以东划在三八线以北，临津江以西划在三八线以南，南北地区大致相等，而名字就叫军事分界线"。但是，"目前谈判的策略，你们应该将谈判的重点放在针锋相对地反对敌人的原有方案上头，而少提自己的主张，逼使敌人不能不答复你们的问题"。②

敌人非常顽固，拒绝接受我方提出调整划分军事分界线的新方案，蛮横地以武力相威胁：那就让炸弹、大炮和机关枪去辩论吧！这一阶段谈判耗了三个星期，就此中断。

---

① 《毛泽东年谱（1949—1976）》第一卷，中央文献出版社 2013 年版，第 386 页。

② 《毛泽东年谱（1949—1976）》第一卷，中央文献出版社 2013 年版，第 387 页。

　　第二阶段：粉碎敌军发起的夏季攻势和秋季攻势。从8月18日始，双方在谈判桌上的博弈转变为战场上的搏杀。这一阶段经历了两个多月，先是中朝军队用一个月时间粉碎"联合国军"的夏季攻势，歼敌7.8万余人。敌人不甘心失败，又于9月底发动秋季攻势，并采取了"逐段进攻，逐步推进"所谓新战术，向我阵地猛烈进攻，企图夺取位于三八线以南被中朝军队占领的开城地区。此时，我志愿军前方阵地已开始挖掘坑道式掩蔽体，不怕敌军用大批飞机、坦克掩护多梯队的轮番攻击。我志愿军依托坑道式掩蔽体，仍能给敌以很大杀伤。中朝军队在联合司令部党委提出的"坚守防御、节节抗击、反复争夺、歼灭敌人"的作战原则指导下，利用坑道与敌军进行激烈战斗。至10月底，我军挫败了敌人的秋季攻势。经过两个多月搏杀，敌军向前推进了646平方公里土地，却损失了15.7万余人。双方兵戎相见，敌人并没有得到想在谈判桌上得到的东西。在我志愿军入朝作战一周年的10月25日，已经中断了63天的谈判又复会了。

　　在这两个多月内，毛泽东给彭德怀和前方谈判代表团发去了许多电报。毛泽东本人由于忙着其他要务，经周恩来起草再由毛泽东改定发给前方代表团的指示电稿就达60份。这些电报对如何粉碎敌军进攻和进行谈判工作给予了许多重要指示。其中最重要者如下：

　　一是要求志愿军领导人在军事上应有所准备。8月21

日，毛泽东致电彭德怀等：邓华说"在军事上我应有所准备，纵目前不进行战役反击，也当尽可能作战术的反击，收复些地方，推前接触线，更好地了解敌人阵地及其坚固程度"。我认为这个意见值得认真考虑，请你计划一下，"在军事上应加紧准备，迎接敌人的可能进攻"。[①] 在我方粉碎敌人的夏季攻势后，毛泽东在 9 月的一天晚上请他的老朋友周士钊等人吃饭时说：抗美援朝战争之所以取得胜利，主要是因为我们的志愿军机智勇敢，不断想出对付敌人的新办法，坑道战就是新办法之一。现在挖掘了许多层的坑道，敌人想要破坏这些坑道是绝不容易的。一个美国记者说，美国的军队再花 30 年也打不到鸭绿江。我看再打 200 年，他们也没有希望打到鸭绿江。[②]

二是要求谈判工作组对代表团住地加强警戒，消灭和捕捉挑衅的对方武装人员。鉴于敌人在谈判桌上气急败坏，惯耍流氓手段，毛泽东多次致电李克农并告彭德怀：我方代表团住地应立即移到会场区外之中立区，并靠近中立区以外之我方部队，实行根据协议的武装警戒，以防敌袭扰和意外。对于美国飞机对我方代表团住所进行的轰炸和扫射，立即提出抗议，并且指出：敌人在空中和地面挑衅，

---

① 参见《毛泽东年谱（1949—1976）》第一卷，中央文献出版社 2013 年版，第 389、390 页。

② 参见《毛泽东年谱（1949—1976）》第一卷，中央文献出版社 2013 年版，第 401 页。

是示威和试探。"我们除随时予以抗议和揭露外，更应在中立区内有计划地隐蔽地布置不带重武器的武装力量，准备消灭和捕捉仍将侵入中立区进行挑衅的对方武装人员。只有这样，才能打击敌人的挑衅和捉到活的人证，以证实其全部罪行。"①

三是要求坚决打好"文仗"，揭露敌人的一切挑衅行为。毛泽东指出：敌人肆意挑衅，（则）让会议停开一个时期，以压下敌人的气焰。"目前需要与敌人进行几次有力的文字的宣传斗争，以观其变化。代表团的任务是谈判兼打文仗。敌人如决心破裂，我们也要从各方面做足文章，使破裂的责任落在敌人身上。敌人如仍然是拖，我们应从拖中做主动的文章。你们应既不消极也不急躁地沉着应变，主动作战。"② 这里，毛泽东将"文字的宣传斗争"提升为打"文仗"，很有启迪意义。这说明宣传斗争与武装斗争同等重要，不可忽视。此后，志愿军司令部党委和谈判工作组不断加强"文仗"，为谈判桌上的斗争作出了重要贡献。

经过有理有据的斗争，美方代表终于承认美军飞机扫射中立区事件。毛泽东指出，敌人的这一"转弯"，是准备复会的一种表示。我方应掌握主动，提议在开城复会。"至

① 《毛泽东年谱（1949—1976）》第一卷，中央文献出版社 2013 年版，第 391 页。

② 《毛泽东年谱（1949—1976）》第一卷，中央文献出版社 2013 年版，第 390 页。

于是否需要考虑将会场地址改在板门店，还应看情形发展再定，你们可将板门店本身及周围情况电告。"① 但是，敌人又不甘心就这样灰溜溜地回到谈判桌前。只是在秋季攻势遭到失败后才不得不同意复会。

第三阶段：在板门店恢复朝鲜停战谈判，几经周折终于达成关于军事分界线的协议。在粉碎敌人秋季攻势后，在志愿军入朝作战一周年之际，毛泽东于1951年10月14日为中共中央起草复志愿军党委电："中央对于志愿军全体同志在志愿军党委和彭德怀同志的领导下进行了一个整年的英勇奋斗，取得了很大的胜利，表示欣慰与慰劳。目前的任务，是用一切努力争取最后胜利。"② 10月25日，"联合国军"在战场上失利后重新回到谈判桌上。双方代表在板门店恢复自8月23日中断的谈判，继续进行第二轮议程的讨论。

这一轮的讨论进行了一个月。毛泽东向斯大林通报谈判情况说：关于确定军事分界线，"敌人已从将军事分界线深入到我方战线以内的要求上，退到在签订停战协议时的双方实际接触线上建立军事分界线。我们则主张就地停战，在现时双方接触线上建立军事分界线，到各项议程达成协

---

① 《毛泽东年谱（1949—1976）》第一卷，中央文献出版社2013年版，第397页。

② 《毛泽东年谱（1949—1976）》第一卷，中央文献出版社2013年版，第405页。

议时，双方接触如有变化，可作相应的修正"。① 11 月 23 日，朝鲜停战谈判小组委员会双方代表对于第二项议程"作为在朝鲜停止敌对行为的基本条件，确定双方军事分界线，以建立非军事地区"，正式达成协议。11 月 27 日，协议经过双方代表团会议通过。至此，双方在实质性问题上取得第一个协议。

从 10 月 25 日复会的这一个月谈判，仍然是唇枪舌剑。朝中方面的每一个提案几乎都遭到美方代表的反对。我方代表根据毛泽东的指示，坚持有理有据斗争，始终掌握谈判主动权，迫使敌方不得不签署关于军事分界线的重要协议。毛泽东在这一轮谈判中的指示主要有：

（1）要求我方预先筹划复会事宜，主动提出板门店作为新的谈判会址，并对联络官会晤的方针作出了重要指示。10 月初，美方提出在一个"双方平等地控制的地方"复会。美方之所以提出这个问题，是因为开城离三八线很近，但它毕竟为朝鲜民主主义人民共和国领土。而板门店位于开城东南 8 公里，可以说基本在三八线上。他们认为，这是"双方平等地控制的地方"。毛泽东指出：我方不宜再次拒绝更换地点，而应主动地提出在板门店恢复双方代表团的会议，在板门店复会的各种物资设备和警戒工作，请你

---

① 《毛泽东年谱（1949—1976）》第一卷，中央文献出版社 2013 年版，第 417 页。

们预先筹划。美方同意在板门店复会，并建议在 10 月 10 日由双方联络官举行会晤后，毛泽东又指示："目前我方在联络官会议中的方针，应是迅速促成复会，态度是既不急，也不拖，而要适时地主动地提出双方可以接受的办法，以解决一些枝节上的问题。凡是我们已经准备修改的办法，或非主要的问题，不要在头一天或前一次会上或在新闻报道上说得那样死，那样不可更改，应该为下一步文章留有余地。在敌人方面，自然仍有利用联络官会议以进行拖延和侦察的一面，我们必须坚定沉着，使敌人看不出我们整个意图。"① 经过近半月努力，双方联络官达成了《关于双方代表团复会事宜的协议》和《双方联络官的共同谅解》。

（2）要求我方主动提出在就地停战加以调整的现实基础上划定新的军事分界线。在复会前一天，毛泽东电告谈判代表团：我方在复会后可主动提出，双方将原提议的分界线保留不谈，而各提一个可以接近并准备对方考虑的新的分界线。如对方同意，便提出仿照现有战线加以调整的方案。"照此方案与对方争论的结果，有可能达到在就地停战加以调整的现实基础上划定军事分界线的目的。"复会后，美方虽然放弃了要求朝中方面退出 1.2 万平方公里的荒谬主张，但要求将开城地区划入分界线以南，属于美方

① 参见《毛泽东年谱（1949—1976）》第一卷，中央文献出版社 2013 年版，第 407 页。

控制区。按此方案，中朝军队将退出 1500 平方公里地区。我方驳斥了这一无理要求，提出了根据实际接触加全面调整作为军事分界线的新方案。毛泽东电告代表团指出：要驳斥此方案不合理，并强调"我方提出的新方案，双方各退出相等的地区使东西两线都得到调整，这是最为合理的办法"。① 由于美方不放弃占有开城的方案，致使恢复了 6 天的小组会又陷僵局。

（3）要求我方主动提出就地停战，各退 2 公里划分南北界线的单纯就地停战新方案。为杜绝美方拖延谈判借口，毛泽东电告代表团：一方面揭露对方反对就地停战、划分军事分界线，而仍企图深入我方战线后方的阴谋；另一方面根据就地停战、稍加调整的原则，可提出双方在目前实际控制线各退 2 公里划分南北界线的单纯就地停战方案，逼使敌人接受，不要纠缠在交换区域的争论中。一周后，鉴于美方代表已知我方趋向于就地停战、各退 2 公里的军事分界线方案，毛泽东又指出：小组委员会应根据上述原则，校正目前双方前沿接触线，以确定双方军事分界线，并由此线上各退 2 公里，划为非军事地区；非军事地区的行政管理仍维持现状不变；停战协议全部商定后，双方前沿接触线如有某些出入，届时小组委员会必须根据这些实

---

① 参见《毛泽东年谱（1949—1976）》第一卷，中央文献出版社 2013 年版，第 411、412 页。

际变化，作相应的变更。但是，美方代表继续无理取闹地阻挠谈判的顺利进行，对我方建议进行歪曲宣传。毛泽东继续电告代表团指出："你们应理直气壮，坚持我方提案，不要无休止地作防御性的解释，愈解释将愈被动，而要采取进攻性的驳斥"，"在公报和记者报道中你们也应采取攻势，揭露敌人的阴谋和无赖，宣传我方公平合理的建议"，以此"增加敌人的压力，摆脱自己目前所处的被动局势"。①

中朝部队为了配合谈判斗争，打掉美方对开城要求的幻想，在此期间，加强了保卫开城的武装力量，并进行了从鸭绿江口至清川江口和大同江口沿海 20 多个岛屿的攻岛作战，歼灭敌武装匪特 800 余人。这一部署和作战，使敌方失去了在谈判桌上继续要价的奢望。

（4）要求我方原则上同意对方基本接受我方意见后关于军事分界线的建议，并提出我方对以后谈判的原则立场。美方代表在中朝军队保卫开城和攻岛作战胜利，以及国内外舆论的压力下，开始同意我方的方案，但提出了附加条件。毛泽东指示：对方已提出与我接近的方案，我们应在这项议程上与对方达成协议。我方在提出的修正案中应强调谈判第三项议程（关于停火与休战的具体安排）时的基本原则，以及在谈判第四项议程时，应反对敌人所提一对

---

① 参见《毛泽东年谱（1949—1976）》第一卷，中央文献出版社 2013 年版，第 416 页；《周恩来年谱（1949—1976）》（上），中央文献出版社 1997 年版，第 195 页。

一换俘的原则而坚持我们有多少送多少即全部换俘的原则立场。①

由于双方关于军事分界线的方案趋于接近，1951年11月23日，朝鲜停战谈判小组委员会双方代表对于第二项议程"作为在朝鲜停止敌对行为的基本条件，确定双方军事分界线，以建立非军事地区"，正式达成协议。11月27日，此协议经过双方代表团会议通过。至此，双方在实质性问题上取得了第一个协议。

这个协议来之不易，是在军事斗争强有力的配合下历经四个月的艰苦谈判取得的第一个成果。毛泽东说：美国人是很傲慢和不讲道理的，"要是讲一点理的话，那是被逼得不得已了"。②

（三）关于在朝鲜境内实现停火与休战和中立国监督等问题的舌战

这项议程内容较多，涉及面广，大会小会交叉进行。此项议程也分为多个阶段。

第一阶段：关于进行所谓"自由视察"系干涉内政的

---

① 参见《毛泽东年谱（1949—1976）》第一卷，中央文献出版社2013年版，第422页。

② 《建国以来毛泽东军事文稿》中卷，军事科学出版社、中央文献出版社2010年版，第174页。

争论。11 月 27 日，在停战谈判双方代表团大会批准关于军事分界线协议后，当天会议即转入第三项议程：关于实现停战与休战的具体安排，包括监察停战休战条款实施机构的组成、权力与职司问题的讨论。

此前，毛泽东在 11 月 19 日即致电李克农，对第三项议程的谈判提出了朝中方面的五项原则：一是双方陆海空军自停战协定签字之日起，停止一切敌对行动；二是双方武装部队，应于停战协定签字后三天内自非军事地区撤出；三是双方陆军、海军部队，应于停战协定签字后五天内以军事分界线为界自对方的后方和沿海岛屿及领海内撤走，如过期不撤，又无任何延期撤走的理由，则对方有权予以处理；四是在非军事地区内，双方均不得驻扎武装部队，亦不得对该地区进行任何武装行动；五是双方各派同等人员组成停战委员会，共同负责根据停战协定进行具体安排和监督。①

在开会讨论第三项议程时，我方代表根据上述五项原则提出了具体建议。在美方代表看来，我方的建议似没有涉及重要问题，在会上很罕见地没有表示反对，但却提出了设立监察机构和联合观察小组在朝鲜全境视察监督的要求。这一单方面地要对"朝鲜全境视察监督"的提案是极其无理的，明显是在干涉朝鲜内政，遭到我方代表坚决反

---

① 参见军事科学院军事历史研究所：《抗美援朝战争史》（第 3 版）下卷，军事科学出版社 2014 年版，第 127 页。

对。在讨论中，美方坚持在停战后用补充和轮换办法保持其军力，坚持限制朝鲜修复和新建机场，坚持在停战委员会下组成视察小组进行自由视察，并企图在停战后令其海军赖在朝鲜海面和岛屿不走。

对此，毛泽东从 11 月底至 12 月初，多次致电谈判代表团，指出：对美方的无理要求必须坚决驳斥。双方海军必须从对方沿海的岛屿和海面撤走。"至于限制双方军事设备，并进行自由视察，那是干涉对方内政，且涉及政治性的问题，这是超过军事停战的范围，我方绝对不能同意。"另电还指示，在下次会议上，代表团在最初提出的议案上还可再提两条补充建议：一是"为保证军事停战的稳定，以利双方高一级的政治会议的进行，双方应保证不从朝鲜境外以任何借口进入军事力量、武器和弹药"；二是为监督严格实施，"双方同意邀请在朝鲜战争中的中立国家的代表成立监察机构，负责到非军事区以外的双方同意的后方口岸，进行必要的视察，并向双方停战委员会提出关于视察结果的报告"，"如对方拒绝我方补充建议，仍要求双方作自由视察，应予坚决反对"。①

美方代表完全没有料到朝中方面提出中立国监察问题。为了得到华盛顿最高当局指示，他们提出第三项议程的讨

---

① 参见《毛泽东年谱（1949—1976）》第一卷，中央文献出版社 2013 年版，第 428、429 页。

论以小组会形式进行。

第二阶段：小组会上的攻守态势明显，互有让步达成部分协议。

经双方同意，小组会从 12 月 4 日开始。美方提出的所谓"全部提议"，基本是大会上讲的原则建议的翻版，唯在监督问题上增加了"军事停战委员会有权对朝鲜全境进行空中侦察及摄影侦察"内容。毛泽东连续三天四电指示谈判代表团：①美方建议是带有暗示让步和讨价还价性质的，同时也还夹杂着对中立国视察的戒心。为达到让敌人从沿海岛屿和海面撤走的目的，我们更应该坚决反对敌人有关轮换和补充的要求。在这一点上，敌人的道理很弱。在谈判和宣传上，你们应抓住这一点。②应将限制军事设备、自由视察、从岛屿撤走、轮换和补充、中立国监督五个问题联系在一起与敌人谈判。如在轮换和补充问题上对敌人作有限度让步，以交换敌人从我方的岛屿撤走并承认我方关于中立国监督机构视察双方同意的后方口岸的建议，则我方在视察双方空军口岸上可不再让步。③应明确指出限制双方设备和自由视察的要求是干涉内政，对方必须收回；我方沿海岛屿，对方必须撤走；双方后方口岸的视察，只能邀请中立国担任。①

———————

① 参见《毛泽东年谱（1949—1976）》第一卷，中央文献出版社 2013 年版，第 432、433、434 页。

　　由于美方代表对限制机场和自由视察两项仍然坚持其
无理狂妄要求遭到我方坚决痛斥，小组会讨论陷入僵局。
先是年前，毛泽东去电指示谈判代表团：不要怕拖，要准
备再拖一个较长的时期才能解决问题。只要我们不怕拖，
不性急，敌人就无所施其伎（俩）了。[①]接着在新年后，毛
泽东又电告代表团美方采取拖延态度原因和目前形势的分
析情况。1952年1月7日电报指出：敌人在战场上打不动
了，其国内外要求停战的压力不断增加，他们在谈判中的
拖延政策及无理要求，甚至引起其国内资产阶级报纸的不
满。因此，敌人对于谈判是较前性急，但由于其目前在联
合国大会中处于不利形势，又希望在停战后继续保持世界
紧张局势，以利其扩军备战获取军火利润等原因，也不想
谈判迅速达成协议。因此，美国可能再拖一些时间。据此，
"我方的对策应该是：（一）我们不怕拖，因此应坚决驳斥
敌人的无理要求，使敌人的敲诈勒索归于失败；（二）把不
怕拖与适时提出对案相结合，取得政治主动，扭转拖延局
面，争取和平解决朝鲜问题"。[②]

　　至1952年1月下旬，小组会谈判仍在关于朝鲜修建机
场问题上陷入僵局。经双方协议，决定小组会休会，举行

---

　　① 参见《毛泽东年谱（1949—1976）》第一卷，中央文献出版社2013年
版，第453页。
　　② 参见《周恩来年谱（1949—1976）》上卷，中央文献出版社1997年
版，第210页。

双方参谋人员会议对已达成的原则协议继续讨论有关细节问题。这标志着停战谈判在缓慢地向前蠕动。

第三阶段：参谋人员会议、小组会和大会交错举行，终于就第三项议程达成协议。从 1952 年 1 月 27 日起，双方参谋人员陆续举行会议，初步就一些细节问题达成协议。根据毛泽东指示，我方对一些无关紧要问题作了让步，如关于武器装备的轮换，人员每月不超过 3.5 万人（原提议为 5000 人）。美方也有让步，除继续控制军事分界线以北三八线以南至汉江口的五个岛屿外，军事分界线两侧海面延伸线以北其他一切岛屿全部由朝鲜民主主义人民共和国控制。但在中立国提名上，双方分歧较大。我方提名苏联、波兰、捷克斯洛伐克三国为中立国，美方却坚决反对苏联为中立国。2 月 17 日和 24 日毛泽东接连数电代表团指出：①根据停战协定草案条款之对方自己所提关于中立国的定义的规定，对方绝无理由拒绝接受苏联为中立国。敌人拒绝我方提名苏联为中立国一举，必须予以严厉驳斥。应指责敌人没有任何理由可以反对我方提名苏联为中立国，苏联是在联合国中不仅一向反对干涉朝鲜战争而且主张和平解决朝鲜问题最（有）力的国家。②对方不肯解释拒绝苏联为中立国的理由，你们即应猛力追逼，放松则易陷被动，对宣传不利。③双方已同意的中立国定义是"其战斗部队未曾参加在朝鲜的敌对行为的国家"。如敌方坚持反对苏联，我亦有权反对敌方所提的瑞士、瑞典、挪威三国，因双方必须一次同时同意对方全部提名。④我方在限制机场修建和中立国提名等问题上不能让步，如果对方坚持不转变的立场，我们宁可让它僵持下去。"世界舆论，不会在这样一个问题上同意美国破裂或长期拖延谈判的。"① 这样，参谋人员会议暂时休会。

1952年4月初，第三项议程小组会委员会复会，批准了参谋人员已达成的具体协议，继续就修建机场问题和中立国提名问题进行讨论。双方仍各自坚持原来看法，会议没有进展。4月下旬，小组会委员会休会，继续由参谋人员开会讨论上述问题。毛泽东致电指出：继续采取强硬态度。只有这样做，才能使自己处于主动地位，和迫使敌方让步。为了这个目的，我们还应准备在谈判中和敌人拖几个月。②

4月28日，美方代表提出召开行政大会，不对外发布新闻，双方就分歧问题自由发表意见。先是美方对谈判中未达成协议的第三、第四项议程中的问题提出了"一揽子"解决方案，即以朝中方面在战俘问题上接受"自愿遣返"主张和不提名苏联为中立国作条件，美方放弃对朝鲜修建

---

① 参见《毛泽东年谱（1949—1976）》第一卷，中央文献出版社 2013 年版，第 496—498 页；《周恩来年谱（1949—1976）》上卷，中央文献出版社 1997 年版，第 220 页。

② 参见《毛泽东年谱（1949—1976）》第一卷，中央文献出版社 2013 年版，第 548 页。

机场的限制。次日和 5 月 1 日，毛泽东电告谈判代表团：同意你们所拟对案，以中立国问题换对方在机场问题和战俘问题上的让步。提出此案时应准备一强硬发言稿，强调我方在中立国提名问题上的合理，驳斥对方坚持机场问题是干涉我方内政，并指出我方在战俘问题上实已作了很大让步，因此对方应有让步的表现。在对方撤销其干涉内政的机场问题并在战俘问题上让步时，我方可同意将每方各提三个中立国改为每方各提两个中立国。关于中立国的提名，须在对方询问每方各提两国是否即指对方所提的瑞典、瑞士，我方所提的波兰、捷克斯洛伐克，我们才可表示就是这四个国家，并要加重说明我方这一让步是必须以对方放弃机场问题的无理要求和在战俘问题上同意我方的折中方案为前提的，因我方的折中方案已经是很大的让步，而对方并未作任何让步。[①]

5 月 2 日，根据毛泽东指示，我方代表在了解对方意图后，针对美方的"一揽子"提案，也提出了"一揽子"解决方案。这就是：以全部遣返战俘和在机场修建问题上美方放弃朝鲜内政为条件，同意只提双方均能接受的波兰、捷克斯洛伐克、瑞士、瑞典为中立国。双方达成这一议案表明，互作让步，分歧缩小。第三项议程的谈判，美方在

① 参见《毛泽东年谱（1949—1976）》第一卷，中央文献出版社 2013 年版，第 550、551 页。

限制机场问题上接受我方主张，我方在中立国提名问题上采纳美方意见。至此，这项耗时 5 个多月的谈判总算画上不算圆的句号。

第四阶段：绕开难题，绕开代表团大会复会，就第五项议程基本达成协议。在难啃的骨头——军事分界线问题达成协议后，双方同意就后面几项议程相继交叉展开讨论。但是由于有些问题分歧很大，短时间难以解决。双方同意进行第五项议程（向双方有关各国政府建议事项）开大会讨论。

1952 年 2 月 6 日，代表团大会复会。本月初，毛泽东就致电谈判代表团指出：你们起草南日同志给美方代表的复函，要说明我方同意在讨论第三、第四两项议程的同时，讨论第五项议程。该电还就我方代表发言拟写了原则草案。该草案如下："为保证朝鲜问题的和平解决，兹建议由敌对双方，即朝鲜民主主义人民共和国与中华人民共和国两国政府为一方，联合国有关各国政府为一方，在朝鲜停战协议签字并生效后三个月内各指派代表五人举行政治会议，协商：（1）从朝鲜撤退一切外国军队问题；（2）和平解决朝鲜问题；（3）与朝鲜和平有关的其他问题。"①

大会复会后，我方首席代表根据上述原则提出了具体建议。美方首席代表根据华盛顿政府指示，既不想在三个

---

① 参见《毛泽东年谱（1949—1976）》第一卷，中央文献出版社 2013 年版，第 483 页。

月内举行政治会议，也不想在政治会议上讨论与朝鲜问题直接相关的台湾等问题。并且，狂妄地声称，中国无权参加政治会议。毛泽东电告谈判代表团指出："政治会议如果开成，必然是以派遣军队参战的国家为限。说中国无参加的权利，否认我国为有关一方的政府，那是吓唬人的，不要理他。如果敌人再说，应理直气壮地告他：没有中华人民共和国参加，政治会议是无法开成的，更说不到解决问题了。"① 美方的发言理所当然地遭到我方严厉驳斥。

果然，不出毛泽东所料，美方再没有就此唬人了。由于这项议程基本是程序性的，没有"硬核"的实质性内容，美方再没就这一议程的谈判作过多争执。"因此，这项议程的谈判，是朝鲜停战谈判所有 5 项议程谈判中，所用时间最短，进展最顺利的一项谈判。"②

（四）关于揭露美军使用细菌战和战俘遣返问题的艰难谈判

在停战谈判期间，美国当局一直是各种战争手段和无理拖延谈判伎俩并用。自 1951 年 7 月 10 日开始谈判以来，

---

① 参见《毛泽东年谱（1949—1976）》第一卷，中央文献出版社 2013 年版，第 498 页。

② 参见军事科学院军事历史研究所：《抗美援朝战争史》（第 3 版）下卷，军事科学出版社 2014 年版，第 145 页。

为迫使中朝方面在军事分界线的谈判问题屈服，除在我军前线发动所谓"夏季攻势""秋季攻势"外，还对我军后方实施"空中封锁交通线战役"——所谓"绞杀战"，妄图彻底摧毁我军的供应补给线。尽管这给我军带来严重困难，但在毛泽东、中央军委的亲自过问和周恩来的具体督导下，新组建的志愿军空军、高射炮部队、铁道运输部队和公路系统等各条战线都开展反"绞杀战"斗争，使敌人的"绞杀战"宣告失败。这一斗争既使我军在极端困难的条件下有了供应补给的初步保障，又使敌人在谈判桌上获得利益的企图破产。

停战谈判进入第三、第四项议程讨论之后，特别是讨论战俘问题以后，美方重操故技，置国际法于不顾，在三八线以北的朝鲜半岛和我国东北及沿海部分地区实施惨无人道的细菌战，企图迫使中朝方面屈服。这一轮谈判异常艰难，讨论的核心内容主要是两个：一个是遣返原则，一个是遣返数量。美方公然违反日内瓦公约，蛮横无理至极。如果说军事分界线的谈判是啃硬猪骨头，那么关于战俘遣返问题的谈判是比之更难啃的硬牛骨头。由于谈判的曲折反复，这一议程的谈判也分为三个阶段：

第一阶段：开展反细菌战斗争和揭露巨济岛事件。美军实施细菌战蓄谋已久。在我志愿军入朝进行前两次战役使美军从三八线以北撤退时，美国当局就决定试验细菌武器。1951年间，美军多次在我志愿军和朝鲜人民军被俘人员中秘密进行细菌性能试验。1952年初，美军在谈判桌上未能得逞，就对朝鲜半岛北方和中国部分地区实施罪恶的细菌战。2月中旬，毛泽东得到报告后，批示："请周总理注意此事，并予处理。"当晚，周恩来致信毛泽东，报告已计划加紧化验前方业已送回的昆虫细菌和往前方派送防疫队与疫苗、粉剂及其他器材等。两天后，毛泽东致电金日成并告彭德怀等：敌人自1月28日起，连续在朝鲜前线以飞机撒放毒虫病菌，经化验业已证明其中含有鼠疫、霍乱及其他病菌，现除令前方进行动员随时扑灭焚毁外，已于今日起以飞机赶送340万人份的防疫苗、5000磅杀虫粉剂及喷射器材到安东转运前线，并加派若干防疫队前往。除此，我们应在世界人民面前进行控诉，并动员舆论进行反对。[1] 随后，中央军委电告志愿军司令部指出：美国在朝鲜投撒各种昆虫，系进行细菌战的行动，其意图是"进行恫吓和威胁，并试验细菌武器的效能"。[2]

美国当局为战俘问题的谈判给朝中方面施压，除实施细菌战外，还制造了巨济岛事件。1952年2月18日晨，在韩国巨济岛上美国第62号俘虏营中，美方管理人员把中方被俘人员5000余人包围起来，进行所谓"个别讯问"，强

---

① 参见《毛泽东年谱（1949—1976）》第一卷，中央文献出版社2013年版，第499页、第500页。

② 参见军事科学院军事历史研究所：《抗美援朝战争史》（第3版）下卷，军事科学出版社2014年版，第98页。

迫实行"甄别"，遭到中方被俘人员拒绝。双方发生冲突，美军开枪射击，中方被俘人员死亡 75 人，受伤 139 人。美军死 1 名，伤 20 余名。对巨济岛事件，新华社 23 日播发消息，《人民日报》24 日进行了报道。毛泽东电告谈判代表团指出：巨济岛事件仍应继续抗议，予以追击，以便配合我方在反对自愿遣返问题上所施的压力，逼其让步；关于细菌问题的证据，敌机所投纸弹有已爆炸及未爆炸者，你们可向志愿军司令部索取照片。①

美军实施细菌战对于中国人民也是一个很好的反面教材。党中央一方面向各级党委发出了反对美帝国主义者实施细菌战的宣传工作指示，动员全国人民加强抗美援朝工作，支援中国人民志愿军，全面展开反细菌战斗争，并向全世界提出控告，揭露和打击美军新的灭绝人性的罪行；另一方面在朝鲜战场前线及我国国内进行科学有效的反细菌战防疫工作，在全国开展爱国防疫卫生运动。党中央要求把它当作全国人民的一个严肃的斗争任务。从东北到海南岛，从沿海到新疆，全国都轰轰烈烈地开展了爱国防疫卫生运动。一些较大城市实行了"人民卫生日"定期清扫制度，全国人民的卫生水平大为提高，城乡呈现清洁卫生新气象，为新中国卫生事业打下了广泛的群众基础。

---

① 参见《毛泽东年谱（1949—1976）》第一卷，中央文献出版社 2013 年版，第 505—506 页。

第二阶段：战俘问题与其他问题混合讨论，唯战俘问题僵持无进展。

在第二项议程（关于军事分界线问题）于 1951 年 11 月下旬达成协议后，当即转入第三项议程（关于在朝鲜境内实现停火与休战的具体安排问题）谈判。从 1951 年 12 月中旬和 1952 年 2 月上旬，又相继开始了第四项议程（关于战俘安排问题）和第五项议程（关于向双方有关各国政府建议事项问题）的谈判。这一阶段谈判的一个重要特点是多个中心和多种会议形式进行讨论和辩论。但是，分歧最大、僵持最久的还是战俘遣返问题。还在 1951 年 11 月中旬毛泽东向斯大林通报谈判情况时就指出：关于遣俘问题，我们反对一对一的原则，而主张有多少遣返多少的原则。在谈判中"和固有利，拖亦不怕，而打下去一定能打出一个结果来"。①

1951 年 12 月 11 日，谈判战俘问题的小组会举行。美方仍然不同意根据《关于战俘待遇之日内瓦公约》规定的全部遣返原则，主张"对等遣返"，坚持"一对一"的交换，进行"自愿遣返"。这个主张再次遭到我方坚决反对和驳斥。为了打破僵局，我方在掌握了被拘留的全部战俘材料后，毛泽东电示代表团，同意交换全部材料，指出："材料交出后，敌人必有一番反宣传，我们应准备反击，并将

① 参见《毛泽东年谱（1949—1976）》第一卷，中央文献出版社 2013 年版，第 418 页。

外俘伪俘名单广播发表。"① 敌方在交名单材料过程中一直采取拖延和不实报的手段。到 1952 年 1 月初,美方代表仍然坚持所谓"自愿遣返"原则,只是在表述上有点改变。这说不上是什么让步。2 月底,毛泽东电告代表团:从敌人的发言稿可以看出敌人的所谓让步只是将中立国小组人访问战俘营改为在交接地点访问全部战俘,将自愿遣返改为不强迫遣返,这在实质上并无不同,你们在驳斥对方的所谓让步时必须强调此点。从原则上讲,我们既不能同意有条件地遣返战俘,亦即不强迫遣返战俘,也不能同意将我方战俘强分为战俘和南朝鲜平民两类,因此,我们不能在条款上承认此项规定。②

朝中方面代表在据理驳斥对方的无理狡辩的同时,在小组会上又提出了一个新的方案。它包括"优先遣返重伤重病战俘""以非军事区内的板门店为双方交接战俘的地点"等。该方案对许多细节作了合乎情理的规定,获得国际舆论好评。此后,战俘遣返问题讨论又转入参谋会议,以朝中方面提案为基础展开讨论,以达成双方都能接受的文本协议。3 月 20 日和 21 日,毛泽东连续致电代表团指出:我们认为,在提出时,条文方面,仍可定为"双方规

---

① 参见《周恩来年谱(1949—1976)》上卷,中央文献出版社 1997 年版,第 204 页。
② 参见《毛泽东年谱(1949—1976)》第一卷,中央文献出版社 2013 年版,第 507 页。

定应予遣返的全部战俘数目，我方一万一千多人，对方十三万二千多人，其名单应由双方参谋官予以最后校正"，"但成立此项协议的前提是对方必须放弃其毫无根据的五万三千人的要求。如对方同意成立此项协议，则讨论细节时可以举行机密会议，成立口头协定"。此项协议"其交换细节则规定为：在我方凡志愿军被俘人员和人民军中属北朝鲜籍的被俘人员均须全部遣返，凡人民军中属南朝鲜籍的被俘人员，均得自愿遣返；在对方凡联合国军被俘人员及南朝鲜军中属南朝鲜籍的被俘人员均须全部遣返，凡南朝鲜军中原属北朝鲜籍的被俘人员均得自愿遣返。此项细节可作口头协定，不写入正式条款之中"。①

对于朝中方面释放的上述善意，美方代表仍置若罔闻，继续无理坚持所谓"自愿遣返"原则，并从1952年4月上旬开始对朝中被俘人员进行所谓"甄别"，使用威胁利诱动刑等各种手段，逼迫战俘表示不愿遣返。4月底，双方举行代表团大会行政性会议，美方代表提出所谓"一揽子方案"的最后通牒，声称在只遣返朝中方面7万战俘的原议，这是不可更改的立场，朝中方面必须全盘接受。5月上旬和中旬，毛泽东接连电告代表团指出：在俘虏问题上对方根本未作让步，并向后倒退。"应坚决反对所谓甄别，指出

---

① 参见《毛泽东年谱（1949—1976）》第一卷，中央文献出版社 2013 年版，第 522—523 页。

按照日内瓦公约，根本不许可有任何甄别"，应坚决揭露对方违反该公约的各种行为。"敌人目前企图以所谓七万人对一万二千人的战俘交换来欺骗世人，压我让步，并准备在压不下时，拖一些时。我们必须将其诡计予以戳穿"，他们那个最后通牒式的"发言态度极恶劣，应根据事实予以痛斥，并质问其决不作任何退让之词是否准备破裂，但这种恫吓手段，除在全世界证明对方毫无谈判诚意外，不论在会场上战场上都已遭受到并且还要遭受到惨重的失败"。"如果对方还是采取这个顽固态度，应准备提议公开行政会议，对他拖一些时候"，必须"做既不受压、又不怕拖的准备"。① 美方对遣返战俘问题的流氓无赖手段，一再遭到我方代表严厉痛斥。关于第四项议程的谈判再一次陷入僵局。

第三阶段：抗议对朝中战俘的残酷迫害和美方单方面宣布谈判无限期休会。美国当局虐待、迫害战俘问题，继1952年2月发生巨济岛事件后，5月又在该岛爆发了杜德事件。1952年5月7日下午，在巨济岛上美军76号战俘营中，不堪遭受残酷虐待和凌辱的朝中战俘举行示威游行，抗议其所谓"自愿遣返"，实则是对战俘实施酷刑和屠杀，要求美军战俘营长官杜德准将前来谈判。杜德对违反日内瓦公约的种种罪行百般狡辩，拒不答复战俘们的正当要求。

---

① 参见《毛泽东年谱（1949—1976）》第一卷，中央文献出版社 2013 年版，第 551、552、555 页。

战俘们为了维护自身生命权利，将杜德抓入了战俘营，成为"战俘的战俘"。巨济岛上 17 个战俘营的 10 余万战俘的 40 多名代表在战俘营代表大会上控诉了美方虐杀战俘，秘密利用战俘做细菌战、化学战、核子战试验品的罪行，向美方提出了立即停止实行非法的"自愿遣返"等四项要求。美方新任战俘营负责人柯尔生准将复信表示接受后，5 月 10 日杜德被释放，离开了战俘营。

1952 年 5 月 14 日，毛泽东致电谈判代表团指示如何通过柯尔生复信进行斗争问题。美方战俘营长官柯尔生致中方被俘人员的信的答复，承认战俘营"有过流血事件发生，结果有许多战俘被联合国军队打死或击伤。我可以向你们提出保证，将来这个俘虏营里的战俘可以希望得到符合国际法原则的人道待遇，我愿尽自己的一切力量使暴力行动和流血事件不再发生"。柯尔生还答应"我们不再对这个战俘营里的战俘进行强迫甄别，或任何重新武装的行动"。毛泽东指出：你们"应即抓住这两点，引用原句，加以痛击，指出柯尔生是代替杜德的敌方俘虏营负责人，其负责的答复已经承认了对战俘的不符合国际法即日内瓦公约的待遇，承认了有暴力行动，承认了有强迫甄别。由此可见对方的自愿遣返完全是暴力行动和强迫甄别的结果"。[①]

① 参见《毛泽东年谱（1949—1976）》第一卷，中央文献出版社 2013 年版，第 555—556 页。

但是，美国政府当局哪有什么"诚信"可言！"联合国军"新任总司令克拉克履职，立即撕毁"杜德事件"达成的协议，将战俘代表作为"战犯"审讯，对战俘营实行血腥镇压。美方代表在谈判桌上更加蛮横。毛泽东致电代表团指出：美方代表十分无礼，你们必须予以还击。应该严厉指斥这种流氓无礼态度，完全失掉军人身份，而且这种行为本身就足以证明对于谈判毫无诚意。[1] 同时，为了打破僵局，毛泽东认为可乘克拉克履新之机，先礼后兵，介绍遣返战俘谈判情况，以便其了解我方立场。他通过周恩来代为金日成、彭德怀草拟了致克拉克的信。该信指出："现在阻碍着朝鲜停战谈判达成协议的，只有一个战俘遣返问题。我们认为，你我双方代表应该不遗余力地协商解决这个问题，以实现世界人民所迫切希望的朝鲜停战。""我方代表为实现这一保证，曾多次提出一个最切合实际的公平方案，即：双方所俘获的外国武装人员（联合国军或中国人民志愿军）应全部遣返回家；双方所俘获的朝鲜武装人员（南朝鲜军或朝鲜人民军），其家在对方地区者应全部遣返回家，其家在收容方面地区者得许其就地回家，不必遣返。这个方案完全符合于举世公认的一九四九年日内瓦公约的精神。""你方所坚持的所谓'自愿遣返'和'甄别'

---

[1] 参见《毛泽东年谱（1949—1976）》第一卷，中央文献出版社2013年版，第559页。

的原则，不仅是不合理的，而且是不合国际公约的。""基于上述原因，你方代表在谈判会议中就拒绝说理，拒绝协商，而一味重复你方强行扣留我方被俘人员的方案是'坚定的、最后的、不能改变的'这种武断声明，同时，又经常提出无限期休会和定期休会等要求，来拖延谈判。"信中还说：6月8、9两日，你方代表仍继续拒绝至板门店开会，这就使停战谈判的正常程序为之破坏。如果你方意欲借此破裂谈判，那你方就应公开宣布，承担责任。你方如尚有对于停战谈判的诚意，你就应该命令你方代表，按正常程序前来板门店开会。①

克拉克同他的两位前任一样，骄横狂妄。他对谈判没有丝毫兴趣，同样认为，谈判桌上解决不了的应通过战场来解决。从6月开始，美军对朝鲜的水电设施、铁路交通和平壤市区以及数十个城镇进行大规模狂轰滥炸，再次制造屠杀无辜居民、毁灭和平城市的战争罪行，遭到国际舆论的强烈谴责。6月底，美方对朝中战俘的强行"甄别"全部结束。在7月中旬的代表团大会上，美方报告"甄别"情况说，要求遣返的战俘是8.3万，承认原来统计的7万人有遗漏。在8.3万人中，朝鲜人民军战俘有7.66万人，约占应遣返人民军战俘的80%；中国人民志愿军战俘6400

_____

① 参见《毛泽东年谱（1949—1976）》第一卷，中央文献出版社2013年版，第561、562页。

人，约占应遣返志愿军战俘的 32％。二者比例极不相称。美方又声称，这是所谓最后的、不可更改的方案。中共中央对美国的这个方案进行了认真研究，毛泽东电告代表团指出：经两日考虑，"此间同志一致认为，在目前接受敌人这一挑衅性引诱性的并非真正让步的方案，并在敌人狂轰滥炸之后接受，显然对我极为不利。首先是在敌人轰炸压力之下而接受其挑拨性引诱性的方案，在政治上军事上我已处于不利地位，敌人必将利用我方这一弱点，继续采取攻势，并启其扩大挑衅之念。故在现时形势下，接受敌人这一方案必然要长他人志气，灭自己威风。不接受，并准备敌人破裂，我们具此决心，敌人倒不一定破裂。如继续拖延，我坚持不退，敌人仍有让步可能。如不让或破裂，我应决心与敌人战下去，从敌人不得解决的战争中再转变目前的形势"。①

　　美方的这个包藏祸心的方案遭到朝中方面代表团的拒绝和驳斥。双方无法再讨论下去。事实上，自 7 月下旬以来，谈判会议就极不正常，代表团大会实际上处于停顿状态。周恩来分析美方的态度指出："美帝国主义总想拖延朝鲜战争，并且企图在最后占上风来结束这场战争。也就是说，美国要在对它有利的时候、有利的条件下来停战。同

---

　　①　参见《毛泽东年谱（1949—1976）》第一卷，中央文献出版社 2013 年版，第 574—575 页。

时，因为它在整个朝鲜战争中是失败了，于是就企图在停战的条件下来挽回它的失败。结果它选择了一个所谓自愿遣返俘虏的问题，也可以说它选择了一个最不讲理的条件。因为在国际条约上，在国际惯例上，以及在停战条款上，都规定了战俘应该全部遣返。所以，它在条约上是找不到根据的。另外，在人情道理上讲，在停战之后，全部战俘也都是应该遣返回家的，根本没有扣留的道理。俘虏是失掉自由的人，俘虏是在敌人武力控制之下的人，他们没有可能来表示自己的意志，也决不会拒绝回家。假如有人这样表示的话，那也是胁迫的，那也是伪造的。"[①]

1952 年 10 月 8 日，美方代表公然单方面宣布谈判无限期休会。这样，停战谈判只能再次中断。

（五）关于上甘岭战役的较量和旷日持久谈判的结束

会场上不见，战场上见。敌人常玩这两手，我们也学会了以其人之道还治其人之身。毛泽东在 1952 年 6 月中旬致电代表团时曾指出："对方可能一面在谈判中要流氓，一面在军事上对我施用压力，以表示其强硬。我们应一面在谈判中坚定回击，猛攻敌人弱点，一面在军事上严阵以待，

---

① 参见《周恩来军事文选》第四卷，人民出版社 1997 年版，第 301—302 页。

不使敌人得逞，以揭穿敌人外强中干的软弱性。"①

我志愿军各部队与朝鲜人民军一起，经过精心准备后，从 1952 年 9 月 18 日至 10 月底，陆续进行全线性战术反击作战，历时 44 天，打小歼灭战，歼敌 2.7 万余人，特别是取得的阵地攻坚的新经验对于今后作战具有重要意义。在志愿军出国作战两周年之际，毛泽东代表中共中央和中央军委致电视贺时也特别强调了这一点。他指出："此种作战，在若干个被选定的战术要点上，集中我军优势的兵力、火力，采取突然动作，对成排成连成营的敌军，给以全部或大部歼灭的打击；然后在敌人向我军举行反击的时机，又在反复作战中给敌以大量的杀伤；然后依情况，对于被我攻克的据点，凡可以守住者固守之，不能守住者放弃之，保持自己的主动，准备以后的反击。此种作战方法，继续实行下去，必能制敌死命，必能迫使敌人采取妥协办法结束朝鲜战争。"②

在志愿军进行全线性战术反击作战期间，美方代表宣布无限期休会的当天，美军就在上甘岭地区发动空前激烈的"金化攻势"。从而揭开了停战谈判乃至整个朝鲜战争新的一页。无论在战场上还是谈判桌上，这都是双方最后的较量。

---

① 参见《毛泽东年谱（1949—1976）》第一卷，中央文献出版社 2013 年版，第 565 页。

② 《毛泽东年谱（1949—1976）》第一卷，中央文献出版社 2013 年版，第 618 页。

1. 战场上与美军的最后较量：上甘岭战役创造的奇迹。上甘岭位于"联合国军"占据的金化重镇北面。金化处于三八线中段，曾经是我军第五次战役争夺的重点。上甘岭与金化相距只有几公里，两地能够举目相望。上甘岭为中部地区最高峰五圣山（海拔 1000 米多一点儿）的前沿高地，是我志愿军构筑中部防线的战略要塞，与盘踞金化的"联合国军"相对峙。美军发动"金化攻势"，就是企图突破中朝部队的这道中部防线，进入平康平原。上甘岭地区的两个高地（五九七点九高地和五三七点七高地北山），是扼守中部战线的前沿据点。如果说五圣山是中部平康平原的天然屏障，那么上甘岭则相当于守卫五圣山的"门神"。美军的主攻目标就是夺取这两个"门神"高地，进而占领整个上甘岭和五圣山，再长驱直入进攻平壤。美国方面虽已失去战场上的主动权，但凭借地面装备优势和空中优势仍在做黄粱美梦。我志愿军的军事装备、供给保障和作战经验已今胜昔远矣。

举世闻名的上甘岭战役，是我志愿军为粉碎敌军"金化攻势"，从 1952 年 10 月 14 日至 11 月 25 日进行的坚守防御作战。在我军防守的这个不足 4 平方公里的阵地上，敌人动用一切现代化军事手段，投入总兵力 4 万余人，还有 300 多门火炮、近 200 辆坦克、3000 余架次飞机，进行轮番进攻和轰炸。敌人在两个高地及附近地区发射了近 200 万发炮弹和 5000 余枚炸弹，两个高地的土石被炸松 1 至 2

米，成为一片焦土。我志愿军也陆续投入了 4 万余人，动用各种炮近 500 门，发射了 35 万余发炮弹。外电评论，此战兵力、火力之密集，在世界战争史上罕见，是中国军队炮火最强大最猛烈的一次。

上甘岭战役持续 43 天，我志愿军防守部队依托以坑道为骨干的坚固防御阵地，在炮兵火力支援下打得英勇顽强，愈战愈神。广大指战员先在地表阵地上与美军、李伪军反复争夺，给敌以重创；后又转入坑道作战，斗智斗勇。10 月底，志愿军部队全线反击，经过 25 天浴血奋战，全部收复失地。我军以伤亡 1.1 万余人的代价，胜利击退了敌军大小近 700 次冲击，歼敌 2.5 万余人，击落击伤敌机近 300 架。特别是这次战役打出了"上甘岭精神"，涌现了黄继光、孙占元、胡修道等一批特级战斗英雄，凸显了伟大的中华民族精神，成为志愿军最可爱的人的卓越代表。

毛泽东多次高度评价上甘岭战役。1952 年 11 月 15 日，他在中央人民政府委员会的会议上指出：美帝国主义要打就让他打下去，打下去就只有失败。上个月仅在一个 4 平方公里的地方，他们就死掉两万人。其中在两个很小的阵地，战争来回进行了 20 多天，结果是杀伤了敌人达 18000 人。志愿军不仅可以打运动战，现在还能打阵地战。我们在山腰上挖了许多的壕洞，就像"北京饭店"一样，敌人攻到山顶，还不能占领我们的阵地，这个"北京饭店"后面还有一个饭店。敌人攻上来，我们退到后面，等他们进入阵地，我们就给他杀伤。如此反复几次，敌人伤亡极大。过去我们战士住的是平房，设备很简单，现在住的都是"北京饭店"，又能防守，又能打击敌人。美帝国主义打起仗来有四个不利：一是死人，我与敌人的死伤比例过去是1：1.8，现在则是1：2.5；二是用钱，美帝国主义在朝鲜战争中用钱是我们的8倍至9倍；三是战略，他们对东西两线不能兼顾，顾此就要失彼；四是吵架，美国人民向他们吵，国内两个党派吵，帝国主义国家之间吵。美方代表团在10月8日朝鲜停战谈判中，说他的方案是"坚定的、最后的、不可改变的"。你是三个"的"，我是一个"打"，总要迫使美方把它提出的方案改变为"动摇的、不是最后的、可以改变的"。① 1953年6月13日晚，毛泽东接见从前线回国的上甘岭战役主要指挥员秦基伟（时任中国人民志愿军第15军军长）说：你们在上甘岭打得好，上甘岭战役是个奇迹，它证明了中国人民志愿军的骨头比美国的钢铁还要硬。这奇迹是你们创造的。②

上甘岭战役创造的奇迹，连美国的军事专家和新闻界也不得不承认。参与策划"金化攻势"的美国军事专家哀叹：即使用原子弹也不能把五圣山上的中共军队全部消灭。

---

① 参见《毛泽东年谱（1949—1976）》第一卷，中央文献出版社2013年版，第625—626页。

② 参见《毛泽东年谱（1949—1976）》第二卷，中央文献出版社2013年版，第113页。

美联社报道:"这次战役实际上却变成了朝鲜战争中的凡尔登","金化攻势已经成了一个无底洞,它所吞食的联合国军事资源要比任何一次中国军队的总攻势所吞食的都多"。身为"联合国军"总司令的克拉克也低下了头:"我认为这次作战是失败的。"①

2. 应对登陆之战的最后较量:反登陆的充分准备与敌人冒险计划的破产。上甘岭战役粉碎敌人的"金化攻势"后,新当选的总统艾森豪威尔既不甘心战场上的失败,也不甘心谈判桌上的僵局,与新国务卿杜勒斯等谋划后决定进行新的军事冒险,在朝鲜东西海岸两栖登陆。

1952 年 12 月上旬,毛泽东先是在中国人民志愿军代司令员兼代政治委员邓华的报告上作了批示,次日又接见邓华,谈了如何应对敌人准备登陆的作战考虑。他指出:"闻鼙鼓而思将帅。艾森豪威尔上台,看来会有新的动作。找你来,是要研究对付艾森豪威尔的对策。"毛泽东说,邓华写的报告他看过了,批了几句话,总的意思是,志愿军应以肯定敌人登陆,肯定敌人要从西海岸登陆,肯定敌人在清川江至汉川间登陆这一判断出发,来确定行动方针。登陆的时间可能在春季,也可能更早些。"应十分加强地堡和坑道,部署五个军于汉川至清川江一线,其中要有四个

---

① 参见军事科学院军事历史研究所:《抗美援朝战争史》(第 3 版)下卷,军事科学出版社 2014 年版,第 264—265 页。

有经验的军，划定防区，坚决阻敌登陆。决不允许敌人在西海岸，尤其是在汉川至鸭绿江一线登陆。西海指（西海岸指挥部的简称，是中国人民志愿军和朝鲜人民军的联合指挥机构——引者注）应当加强和扩大。最好你亲自去，你去了，我放心！""你们是在大炮底下，没有你们在朝鲜，我在这儿也不安稳喽！"①

艾森豪威尔为了实现军事冒险计划，还前往南朝鲜视察。他在回国后声称：对于面对的敌人，我们不能期望用娓娓动听的言语打动它，而只能用我们自己选择的行动。1952 年底至 1953 年初，"联合国军"调动频繁，美军保有 3 个师作为机动后备部队，这是朝鲜战争爆发以来的首次。

抗美援朝战争的较量，既是双方兵力、战力的较量，从某种意义上说也是双方最高统帅战略智慧和决策能力的较量。自我志愿军入朝作战以来，美国的前线将帅换了好几个，总统杜鲁门也下了台。现在轮到第二次世界大战的明星统帅了。毛泽东对艾氏的"棋局"洞若观火，他在战略上仍视其为纸老虎，丝毫不被其二战的光环所迷惑。同时，毛泽东在战术上仍将艾氏作为真老虎来认真对待，防务布局慎之又慎，坚持作最坏的准备争取最好的可能的底线思维。在中央书记处和中央军委经过多次研究后，毛泽

① 参见《毛泽东年谱（1949—1976）》第一卷，中央文献出版社 2013 年版，第 634 页。

东先是去电征询斯大林的意见，该电报告情况说："朝鲜战局由于停战谈判已告停顿，而美军在朝鲜的损失还没有达到它非罢手不可的程度，估计今后一定时期内（假定为一年），会趋向于激烈化。艾森豪威尔正在为其上台后的朝鲜军事行动作准备。单就朝鲜战场的军事行动做估计，敌人从正面向我较坚固的纵深工事施行攻击的可能性不如向我后方两侧进行登陆作战的可能性大。""对我威胁最大的是西海岸的战略性登陆，因为我主要运输线是经过这个地区的。""我如能坚守北朝鲜东西海岸，使敌人的登陆计划失败，并以正面战线的战术出击作配合，给敌人以更多更大的杀伤。那么，朝鲜战局就能更加稳定，而向着更加有利于我们的方向发展。""为预防敌人登陆和提早发动进攻，我军必须继续积极进行各项准备工作。"① 斯大林回电完全赞同中共中央的部署。

1952 年 12 月 20 日，毛泽东为中共中央起草了给志愿军党委关于坚决粉碎敌人登陆冒险的指示。该指示指出，根据艾森豪威尔登台以来的各种情况，"敌人有从我侧后海岸线特别是西海岸汉川江、清川江、鸭绿江一线以七个师左右兵力举行冒险登陆进攻的充分可能"，"我志愿军协同朝鲜人民军有坚决粉碎敌人进攻登陆进攻、争取战争更大

① 参见《毛泽东年谱（1949—1976）》第一卷，中央文献出版社 2013 年版，第 637—638 页。

胜利的任务"。该指示对粉碎敌人登陆进攻作出具体部署，指定志愿军代司令员、代政治委员邓华兼任西海岸指挥部司令员和政治委员，并说："两年多以来，我志愿军协同朝鲜人民军，在对美帝国主义及其帮凶军的英勇顽强的战斗中，取得了伟大的辉煌的胜利，已经摸清了敌人的底子，克服了很多的困难，积蓄了丰富的经验。美帝国主义采用了很多办法和我们斗争，没有一样不遭到失败。现在剩下从我侧后冒险登陆的一手，它想用这一手来打击我们。只要我们能把它这一手打下去，使它的冒险归于失败，它的最后失败的局面就确定下来了。"1952 年年底，毛泽东在修改 1953 年全军政治工作任务的指示稿中还指出：现在美帝国主义仍旧企图非法扣留中、朝战俘，继续拖延和破坏朝鲜停战谈判；并且还有发动新的登陆进攻，扩大朝鲜战争的充分可能。故朝鲜战争还要延续相当时间，战斗可能更加激烈。不过即使朝鲜战争继续延长和扩大，只要我们能做好一切必要的准备工作，坚决粉碎其登陆的企图，并使三八线上面作战比过去打得更好些，则美帝国主义者从这个战争中，除了彻底暴露其战略弱点，加深帝国主义阵营内部矛盾，增大其兵员的伤亡和物资的损耗外，再也不会得到任何东西。①

———————

① 参见《毛泽东年谱（1949—1976）》第一卷，中央文献出版社 2013 年版，第 640—641 页，第 647 页。

新年过后，美国的军事冒险活动又有新的升级。1953年2月，艾森豪威尔发表国情咨文，宣布撤销台湾海峡"中立化"，放蒋出笼，配合美军在朝鲜的军事冒险。同时，还劝说"联合国军"其他16国代表对中国实行"封锁"。

针对美国的冒险行动，1953年2月7日毛泽东在全国政协会议的讲话指出：我们要加强抗美援朝的斗争。由于美帝国主义坚持扣留中朝战俘，破坏停战谈判，并且妄图扩大侵朝战争，所以抗美援朝的斗争必须继续加强。"我们是要和平的，但是，只要美帝国主义一天不放弃它那种横蛮无理的要求和扩大侵略的阴谋，中国人民的决心就是只有同朝鲜人民一起，一直战斗下去。这不是因为我们好战，我们愿意立即停战，剩下的问题待将来去解决。但美帝国主义不愿意这样做，那么好吧，就打下去，美帝国主义愿意打多少年，我们也就准备跟它打多少年，一直打到美帝国主义愿意罢手的时候为止，一直打到中朝人民完全胜利的时候为止。"[1]

毛泽东的讲话是对美国政府铤而走险的严正警告。在毛泽东和中央军委的部署下，一场空前规模的反登陆作战的准备工作在各方面、各系统、各条战线上加紧进行。我军在三八线以北增修坑道700多公里，加修重要的铁路和

---

[1] 参见《毛泽东年谱（1949—1976）》第二卷，中央文献出版社2013年版，第21—22页。

公路，储备了半年以上的食品和弹药。这样，从朝鲜战场三八线北的正面防御阵地到美军可能登陆的东西海岸，从中国东北境内直到华东沿海地区，都构筑了大纵深的严密防御体系。这项工作到1953年4月底全部完成。

历史的辩证法就是这样。敌人越是叫嚣战争，我们越要敢于斗争，绝不能被敌人的战争叫嚣所吓倒。我们越是作了充分准备，战争越是可能打不起来，真老虎会变成纸老虎。美军通过空中侦察和特务刺探，了解到中朝军队正在做抗击侧后登陆的各种准备，再加上要将战争扩大到中国的行径又一次遭到盟国伙伴的反对，这样，忙碌了几个月的军事冒险行动只能偃旗息鼓了。1953年3月中旬，毛泽东同从朝鲜前线回国接受任务的杜平（时任中国人民志愿军西海岸指挥部副政治委员兼政治部主任）谈话，在了解朝鲜西海岸抗敌登陆的备战工作情况后说，我们有了准备，敌人就不敢来了，即使来了，我们也不怕。艾森豪威尔现在是骑虎难下，要打力不从心，要和于心不甘。所以，我们现在是一动不如一静，让现状拖下去，拖到美国愿意妥协并由它采取行动为止。最后，毛泽东提出要杜平到开城参加朝鲜停战谈判工作。[①]

3. 怎样复会的最后较量：拖延将近1年半的战俘遣返

① 参见《毛泽东年谱（1949—1976）》第二卷，中央文献出版社2013年版，第61页。

问题的谈判终于复会。战场上打不了，只好回到谈判桌上来寻求摆脱困境的出路。1953 年 2 月 22 日，"联合国军"司令官克拉克致函朝鲜人民军最高司令官金日成和中国人民志愿军司令员彭德怀，提议在停战前先交换伤病战俘，以恢复中断了近 5 个月的谈判（这是由他们单方面宣布造成的）。

对于美方的建议，根据战争爆发以来他们的一贯表现，毛泽东采取了一动不如一静，观察一段时间再说，没有急于答复。3 月 19 日，他致电正在莫斯科参加斯大林葬礼的周恩来：关于克拉克于 2 月 22 日提出双方先交换因重伤病而不能行走的俘虏的要求，我方尚未答复。美方此次要求可能是杜勒斯上台后的一种试探作法。我方对策有二：一种是驳斥，一种是表示商谈，在商谈中再看情形决定最后对策。① 对美方的建议，究竟采取哪种对策，毛泽东这时还在思考中。

当了解到苏联方面是希望接受建议复会谈判的态度后，毛泽东决定恢复关于遣返战俘问题的谈判。经过缜密思考后，他做了三项工作：

首先，电告谈判代表团，指出："克拉克二月二十二日建议先行交换可以行走的重伤病俘虏一事，我方准备同意

---

① 参见《毛泽东年谱（1949—1976）》第二卷，中央文献出版社 2013 年版，第 63—64 页。

讨论此事。"他指出，对方的行动，"实质上表示对方着急。艾森豪威尔上台后在亚洲采取一系列措施，企图从杜鲁门造成的束缚中解脱出来，争取主动，其建议交换伤病俘可能是对方有意在板门店转弯的一个试探行动"。①

随后，根据苏联方面建议，拟以金、彭名义复克拉克一信，毛泽东电告金日成谈了此事。该电云："现友方提议，拟以金、彭名义复克拉克一信，表示我方完全同意关于在战争期间先行交换双方病伤战俘的建议，以重开谈判之门，然后再由北京、平壤、莫斯科相继发表声明，准备在遣返战俘问题上作一让步，以争取朝鲜停战，但也准备在争取不成的情况下继续打下去。请考虑在平壤发表声明后，即由人民军总部宣布南日同志已任外相，改派李相朝同志为朝中方面的首席代表。拟告李相朝同志偕乔冠华同志于本月底由北京动身经平壤往开城。中国志愿军谈判代表拟即由丁国钰、柴成文两同志担任。李克农待谈判重开后即来开城。"② 3 月 28 日，金日成、彭德怀复函克拉克，同意交换病伤战俘，建议立即就此恢复谈判。

再后，由周恩来于 3 月 30 日（即收到克拉克希望恢复谈判的提议一个多月后），代表中华人民共和国政府发表关

①　参见《毛泽东年谱（1949—1976）》第二卷，中央文献出版社 2013 年版，第 66—67 页。

②　参见《毛泽东年谱（1949—1976）》第二卷，中央文献出版社 2013 年版，第 71 页。

于朝鲜停战谈判问题的声明。该声明指出：中朝两国政府在共同研究了"联合国军"总司令克拉克将军于 1953 年 2 月 22 日提出的关于在战争期间先行交换病伤战俘的建议之后，一致认为根据 1949 年日内瓦公约第 109 条的规定，这一问题完全可以得到合理的解决。关于交换病伤战俘问题的合理解决，对于顺利解决全部战俘问题显然具有极重大的意义。因之，我们认为，解决全部战俘问题以保证停止朝鲜战争并缔结停战协定的时机，应当说已经到来了。但是，鉴于双方在这个问题上的分歧是目前达成朝鲜停战的唯一障碍，并且为满足世界人民的和平愿望，中华人民共和国政府和朝鲜民主主义人民共和国政府本着一贯坚持的和平政策，本着一贯努力于迅速实现朝鲜停战，争取和平解决朝鲜问题，以维持和巩固世界和平的立场，准备采取步骤来消除在这个问题上的分歧，以促成朝鲜停战。为此目的，中华人民共和国政府和朝鲜民主主义人民共和国政府提议：谈判双方应保证在停战后立即遣返其所收容的一切坚持遣返的战俘，而将其余的战俘转交中立国，以保证对他们的遣返问题的公正解决。[①]

周恩来这个声明得到了包括参加"联合国军"的英、法等国在内的许多国家的支持。这也使得美国政府不得不

---

①　参见《毛泽东年谱（1949—1976）》第二卷，中央文献出版社 2013 年版，第 72—73 页。

同意以朝中方面的建议为基础恢复谈判。

4. 第四项议程达成协议的最后较量：复会后经过 3 个多月谈判最终达成协议。本来应当比较顺利，因为是美方主动提出恢复谈判的。但是，美方认输却不甘心，常常节外生枝制造麻烦，致使最后的谈判也拖了 3 个半月。最后的谈判较量也分为三个阶段：

第一阶段：联络小组会达成《遣返病伤被俘人员协定》。双方联络官在 1953 年 4 月 6 日开始接触。毛泽东电告代表团指出：对方应将"联合国军收容下的全部病伤被俘人员完全送交"我方。如果对方声明并非全部，则我方即可保留将来遣返者收容于中立国的要求。在交换病伤战俘协议达成时，须准备发表一书面声明，保留我方提出要求将未被直接遣返的在对方收容下的我方被俘人员收容于中立国的权利。

随后，毛泽东通过周恩来起草朝中两国政府建议的说明信稿，表明两国关于战俘遣返问题的原则立场。说明信指出：①我方认为，在停战后双方战俘应予全部遣返，使之回家过和平生活的原则是不可动摇的；②鉴于双方在战俘遣返问题上的分歧已经成为目前达成朝鲜停战的唯一障碍，为了消除分歧、促成朝鲜停战，朝中方面在这次新建议中对于战俘遣返的步骤、时间和方法，作了明显的让步；③我方的这一建议正是根据日内瓦公约、国际惯例和朝鲜停战协定草案规定的战俘应予全部遣返的原则，坚持拘留方面应保证不得对其所收容的所有战俘采用任何强制手段来阻挠他们回家以实行强迫扣留，同时并应保证将停战后未得直接遣返的其余战俘释放出来转交中立国；④朝中方面不承认有所谓不愿遣返的战俘，因此所谓"强迫遣返"或"武力遣返"的问题根本就不存在，我方主张将一部分因遭受恐吓和压迫而心存疑虑、不敢回家的我方被俘人员转交中立国，经过我方的解释，使他们逐步解除疑惧，从而在遣返问题上得到公正解决。① 此说明信以朝中方面首席代表名义发给美方首席代表，除在联络官会上交给对方外，同时在平壤、北京两地广播，于签订协定当日见报。双方经过 5 天谈判，终于在联络小组会议上签订《遣返病伤被俘人员协定》。20 日，双方在板门店开始遣返病伤被俘人员。至 4 月 26 日，朝中方面遣返美方病伤战俘近 700 人；至 5 月 3 日，美方遣返朝中方面病伤战俘 6670 人。

第二阶段：代表团大会复会，继续讨论解决全部战俘问题。病伤战俘的遣返只是全部战俘遣返的一小部分。双方争执谈不拢，就是在这个问题上存在原则分歧。这次复会，能否像遣返病伤战俘那样较为顺利？不容乐观。4 月 26 日，在谈判中断了 6 个半月后，双方代表团重新开始解决全部战俘问题的谈判。会前，征得金日成首相同意，毛

---

① 参见《毛泽东年谱（1949—1976）》第二卷，中央文献出版社 2013 年版，第 78—80 页。

泽东通过周恩来拟定了一个关于我方建议的具体实施方案，这就是我方首席代表在会上所提出的"第一方案"。这个方案的主要内容是：应将一切坚持遣返的战俘分批遣返，不得阻挠，送交给战俘所属一方；不直接遣返的战俘送到一个由双方协商决定的中立国家去，由该中立国指定地点加以接收和看管。以 6 个月为期限，由战俘所属国派人前往中立国对战俘进行解释，消除他们的疑虑，通知他们有遣返的权力，凡愿遣返者由中立国协助遣返；期满后，仍由中立国看管的战俘交由停战协定所规定的政治会议协商解决。这里讲的中立国没有指名，实际上是印度。在提出这个方案前，已由周恩来向印度方面打了招呼。这个方案已经考虑到了美方的某些建议，但仍遭到美方的反对。双方的主要分歧：一是对不直接遣返的战俘的看管地点，我方要求将其送往中立国家，以摆脱拘留方的军事控制和影响；美方反对，坚持在朝鲜交由中立国接收和看管。二是对不直接遣返战俘给予的解释时间，美方反对 6 个月，主张 2 个月。对这个问题的讨论僵持了十多天。

朝中方面为推动谈判取得进展，根据毛泽东的指示，按原定设想于 5 月 7 日提出新建议，即"第二方案"。毛泽东在头一天将"第二方案"的发言稿全文发给代表团，望他们在 5 月 7 日大会上抢先提出，并在发言后以书面文件交给对方。"我方提出新方案，并保留四月二十六日方案，使我们更处于主动，以利与对方进行谈判斗争。如果对方因我让步而故意对新方案在中立国问题上或武装问题上与我纠缠，我们视情况仍可提出第一方案使其选择。即是说，或者将其余战俘送到印度这样一个中立国去，或者让五个中立国组成的遣返委员会以武装接管留在原拘留地的其余战俘，二者之中必须选择其一。"① 新方案建议成立中立国遣返委员会，由波兰、捷克斯洛伐克、瑞士、瑞典、印度组成，双方不直接遣返的战俘在原拘留地点从拘留一方的军事控制和收容下释放出来，交由中立国遣返委员会接收和看管，并立即进行遣返安排。战俘所属国对战俘的解释期限由 6 个月缩短为 4 个月，解释期满后仍由中立国遣返委员会看管的战俘交由政治会议协商解决。显然，这一新方案吸收了美方的建议，受到国际舆论的普遍赞扬。但是，美方却出尔反尔，在 5 月 13 日又提出所谓"反建议"，要求将不直接遣返的朝鲜人民军战俘"就地释放"，中国人民志愿军的战俘交给中立国遣返委员会在 60 天解释期满后也"就地释放"。"反建议"还对战俘所属国向战俘进行的解释工作等提出了许多无理的限制。这个相比于美方复会时的最初建议是个不小的倒退。这个倒退的"反建议"遭到朝中方面的强烈谴责。美方再次建议休会，谈判航船再次"搁浅"。

------

① 参见《毛泽东年谱（1949—1976）》第二卷，中央文献出版社 2013 年版，第 92—93 页。

第三阶段：以打促谈，走投无路的美方代表只得回到谈判桌前签订协议。还在 4 月 26 日双方代表团复会前，毛泽东就向志愿军领导同志提出了对谈判与作战要作两手准备的指导方针，认为停下来的可能虽比过去增大，但拖的可能还是存在的。我们争取停、准备拖，而在军队方面则应作拖的打算，只管打不管谈，不要松劲，一切仍按原计划进行。志愿军领导方面根据毛泽东的指示对作战方案作了部署，准备在 6 月初发动夏季战役反击战，毛泽东批准了这个计划，指示早作攻击准备，"至于停战得早，或不要打以利谈判，可则于五月间适当时机再行决定"。[①]

就在代表团大会中断的当天，我志愿军和人民军提前发起夏季反击作战。在前两个星期以打美军为主，在后 11 天则以打李伪军为主。因为李承晚还不愿停战，妄想武力统一整个朝鲜半岛。连艾森豪威尔都敦促他接受停战谈判，说武力统一朝鲜，只是一个"梦想"。[②] 打李伪军可谓"小菜一碟"，歼敌 4.1 万余人，几乎是此前打美军战果的 10 倍。这样，李承晚暂时不敢妄动了，同意恢复板门店谈判。

1953 年 5 月 25 日，美方在代表团大会上根据艾森豪威尔的指示，宣布放弃 5 月 13 日那个"反建议"，提出新方

---

① 参见《毛泽东年谱（1949—1976）》第二卷，中央文献出版社 2013 年版，第 85 页。

② 参见资中筠主编《战后美国外交史》上册，世界知识出版社 1994 年版，第 233—234 页。

案。这个新方案在主要方面采纳了朝中方面 5 月 7 日的方案。5 月 30 日，毛泽东主持中央书记处会议，讨论朝鲜谈判问题。6 月 1 日，毛泽东复电金日成说："联合国军"方面在 1953 年 5 月 25 日朝鲜停战谈判双方代表团大会上提出的《关于遣返战俘问题的协议》，撤回了无理要求扣留朝鲜人民军被俘人员的方案，基本上接受朝中方面 5 月 7 日的方案。我们认为可以接受敌方的这个新方案，准备在复会时表示基本同意，只在各项条文作若干必要的和技术上的修改。6 月 8 日，拖延许久的战俘问题，经过双方让步终于达成协议。它基本实现了朝中方面关于遣返战俘的愿望。这是中朝两国同美国在战场上和谈判桌上轮番较量的结果。

第四篇

抗美援朝战争的胜利及其历史意义和时代价值

战俘遣返问题是影响朝鲜停战谈判的最后一道障碍。它的解决预示着朝鲜停战谈判将画上句号，也将迎来抗美援朝战争的胜利结束。在多年战乱废墟上建立起来的新中国是多么需要和平环境建设自己的家园啊！抗美援朝是迫不得已的选择。当初，谁也没有想到，这场战争会成为第二次世界大战后进行的第一场大规模的国际性局部战争，其时间之长、参战国之多，为第二次世界大战以来罕见。它的历史意义和时代价值在中华民族战争史和世界战争史上占据重要位置。

（一）抗美援朝战争的最后胜利

　　在双方签订关于遣返战俘的协议后，停战谈判的议程全部完成。根据协议，双方即将在实际控制线基础上划定最后的军事分界线和拟定停战协定的细节工作。这样，谈判工作就完全结束了。为了保证停战谈判在 6 月 15 日顺利签字，毛泽东致电代表团，除就朝鲜停战协定草案有关条款的修改问题作出指示外，还强调了关于军事分界线问题。他指出：军事分界线应以 15 日 24 时的时间为划线的最后根据，不再改变；在这个时间以后的任何发展均不算数。① 中朝联合司令部命令："从六月十六日起，各部队一律停止主动向敌人攻击，但对敌人向我发动的任何进攻，则应坚决地给以打击。我各部队必须加强阵地警戒，不得丝毫疏忽松懈。"②

　　就在这时，李承晚和美军演了一出"双簧"。他们从 6 月 18 日到该月月底，以所谓"就地释放"为名，强行将朝鲜人民军战俘 2.7 万余人劫往南朝鲜军队训练中心，公然破坏协议。当晚，毛泽东召集中央领导人会议，商讨朝鲜停战协定签字仪式问题，以及鉴于李承晚破坏战俘协议决定在朝鲜停战前再对南朝鲜军队实施军事打击问题。次日，毛泽东致电谈判代表团，指出：美军总部明知故犯地纵容李承晚破坏战俘协议，引起全世界严重关注和纷纷责难，帝国主义阵营内部的争吵和分歧正在扩大。"鉴于这种形势，我们必须在行动上有重大表示方能配合形势，给敌方以充分的压力，使类此事件不敢再度发生，并便于我方掌

---

　　① 参见《毛泽东年谱（1949—1976）》第二卷，中央文献出版社 2013 年版，第 115—118 页。

　　② 参见军事科学院军事历史研究所：《抗美援朝战争史》（第 3 版）下卷，军事科学出版社 2014 年版，第 439 页。

握主动。"21 日，毛泽东又电告刚从北京到平壤准备参加停战协定签字仪式的彭德怀，指出："停战签字必须推迟，推迟至何时为适宜，要看情况发展方能作决定。再歼灭伪军万余人，极为必要。"①

根据毛泽东的这个决策，中朝军队发起金城战役，集中力量打击李承晚军队。7 月 13 日，中朝军队以 1100 多门火炮向金城以南李伪军阵地发起猛烈轰击。随后，两国步兵迅速突破李伪军的全部前沿阵地。这次战役进行了两个星期，一直打到美国方面和南朝鲜政府发表声明接受停战协定为止。金城战役是抗美援朝战争的最后一战，打得非常漂亮，歼灭敌军 7.8 万余人，收复阵地 167 平方公里，敌人"偷鸡不成反蚀把米"。它促进了朝鲜停战的实现，对停战后维护朝鲜半岛局势的稳定起了重要作用。

正是由于金城战役的胜利和中朝军队在三八线上的积极推进，以美国为首的"联合国军"才答应准备签字，但他们还是在绞尽脑汁制造事端。因此，对于如何举行签字仪式，在签字前应做什么准备，毛泽东考虑得非常仔细、格外慎重。他提出要分几个步骤进行，要做好必须做的工作：

一是此次复会后的谈判，首先讨论有关停战协定实施的各种保证，然后再谈签字前的准备工作。

---

① 参见《毛泽东年谱（1949—1976）》第二卷，中央文献出版社 2013 年版，第 119 页。

二是对于美方首席代表的挑拨性发言必须回击。毛泽东指出，美方代表 13 日提出的方案怀着两个目的：一个目的是将朝鲜人民军加至 76600 人，占敌人交出名单中朝被俘人员家在北朝鲜的 96000 人的 80％，而故意将中国人民志愿军仅加至 6400 人，仅占名单中中国被俘人员 20000 人的 32％，这一数字上的差异显然是敌人企图以此来挑拨朝中人民牢不可破的战斗团结的；另一个目的是，提出对遣返名单以外的被俘人员的"征询"，使我们在客观上承认其"甄别"的效果，然后再落入其所设的"征询"的陷阱中。因此，敌人这一方案不论在数字上、内容上，都是决不可以接受的，应坚决地拒绝和回击。我们过去预想的 9 万上下数字，一方面可较接近于 11 万数字，另一方面可使朝中双方被俘人员在名单上遣返比例大体接近〔比如人民军 7 万 5000 至 6000 人，志愿军 1 万 5000（人）上下〕。现在这个概数和比例都未达到。而且敌人怀着上述阴谋，我们不仅不能在此原则上让步，并应利用这一形势，扩大宣传，指出敌人企图得到他在会议桌上所不能得到的东西，以逼使敌人接受我方的合理要求。如果敌人拒绝协商，继续拖延谈判，我们就应决心让他拖延，使敌人的主要力量继续受到损伤，最后迫使敌人向我让步。①

---

① 参见《毛泽东年谱（1949—1976）》第二卷，中央文献出版社 2013 年版，第 132—133 页。

三是关于出席停战协定签字仪式的规格。毛泽东于 7 月 18 日致电金日成指出：我们考虑双方司令官，您及彭德怀同志与克拉克三人均不出席签字仪式，而改由双方司令官预先将字签好，再拿到板门店去由双方谈判代表签署，其理由为南朝鲜的破坏行为不利于双方司令官在这个时机出面；如您对此议无不同意见，我们即拟电告开城在联络官会上提出。在金日成复电表示同意后，毛泽东电告代表团指出：我们应主动向敌方提出，由于李承晚政府曾破坏了关于战俘问题的协议，至今尚反对停战，并声言他们有行动自由，因此，双方高级司令官不宜出席签字仪式，而应各在其司令部先行签字，然后将他们已经签字的文本送板门店，由双方首席代表南日大将及哈利逊中将主持签字仪式，并进行分别签署。①

四是关于不直接遣返战俘送交中立国遣返委员会的地点问题。在 7 月 18 日晚，毛泽东致电代表团指出：签字前的准备工作，除调整军事分界线外，应包括确定对方手中剩余的不直接遣返战俘送交中立国遣返委员会的地点问题，此事不应留在停战后交军事停战委员会解决。②

五是关于签字日期和停战后代表团的名称问题。毛泽

---

① 参见《毛泽东年谱（1949—1976）》第二卷，中央文献出版社 2013 年版，第 134—135 页。

② 参见《毛泽东年谱（1949—1976）》第二卷，中央文献出版社 2013 年版，第 135 页。

东在 7 月下旬连续致电代表团指出：签字日期，估计各种准备工作的完成时间不会早于 7 月 26 日；如你们估计有此可能，可与对方确定签字日期；应坚持金、彭不参加签字仪式，而应将文本送签；停战后，谈判代表团改为停战代表团，内部仍应由朝中各保有同等人数的代表团，依照谈判开始时与金首相的协议，由李克农同志负总的责任，一切问题由朝中双方代表集体协商解决。①

六是关于最后的签字仪式。7 月 25 日晨，毛泽东电告代表团说：可告对方，金首相将由崔庸健次帅代表出席签字，彭司令员将亲自出席；签字日期应肯定通知对方为 27 日上午 10 时，进入签字厅的记者可容许为每方各 10 人至 20 人之数。②

1953 年 7 月 27 日上午 10 时，在朝鲜板门店，朝中代表团首席代表南日与"联合国军"代表团首席代表哈利逊正式签署《关于朝鲜军事停战的协定》及其附件《中立国遣返委员会的职权范围》《关于停战协定的临时补充协议》。下午 1 时，克拉克于汶山在停战协定和临时补充协议上正式签字。晚 10 时，金日成于平壤在停战协定和临时补充协议上正式签字。28 日上午 9 时 30 分，彭德怀于开城在停战

---

① 参见《毛泽东年谱（1949—1976）》第二卷，中央文献出版社 2013 年版，第 135—136 页。

② 参见《毛泽东年谱（1949—1976）》第二卷，中央文献出版社 2013 年版，第 135—137 页。

协定和临时补充协议上正式签字。[1]

从 1953 年 7 月 27 日晚 10 时起，朝鲜全线的一切战斗行动完全停止。全世界人民渴望的朝鲜停战终于实现了。历时 3 年 1 个月的朝鲜战争和 2 年零 9 个月的抗美援朝战争终于结束了！就抗美援朝战争言，共歼敌 71 万余人，自身作战减员 36.6 万余人。敌我伤亡损失比为 1.9：1。美国开支战费 400 亿美元，消耗作战物资 7300 余万吨。我国开支战费 62.5 亿人民币（相当于当时 25 亿美元），消耗作战物资 560 余万吨。美中两国的这个战争开支差距不是一般的大，而是非常大了。这一比，可以说是轻量级举重选手打败了重量级举重选手！

毛泽东在 1953 年 9 月 12 日中央人民政府委员会的会议上讲话，总结抗美援朝战争的胜利说：抗美援朝，经过 3 年，取得了伟大胜利。抗美援朝的胜利是靠什么得来的呢？大家说是领导的正确。领导是一个因素，没有正确的领导，事情是做不好的。但主要的是因为我们的战争是人民的战争，全国人民的支援，中朝两国人民并肩战斗。"我们同美帝国主义这样的敌人作战，他们的武器比我们强许多倍，而我们能够打胜，迫使他们不能不和下来。为什么

---

[1] 克拉克在回忆录中说：我成了美国历史上签订没有胜利的停战条约的第一位美国陆军司令官，我感到失望和痛苦。参见马克·克拉克《从多瑙河到鸭绿江》。《毛泽东年谱（1949—1976）》第二卷，中央文献出版社 2003 年版，第 138 页。

能够和下来呢？第一，在军事方面，美国侵略者处于不利状态，挨打状态。如果不和，它的整个战线就要被打破，汉城就可能落入朝鲜人民之手。这种形势，去年就已经开始看出来了。""作战的双方，都把自己的战线称为铜墙铁壁。在我们这方面，确实是铜墙铁壁。我们的战士和干部机智，勇敢，不怕死。而美国侵略军却怕死，他们的军官也比较呆板，不那么灵活。他们的战线不巩固，并不是铜墙铁壁。""第二，政治方面，敌人内部有许多不能解决的矛盾，全世界人民要求和下来。第三，经济方面，敌人在侵朝战争中用钱很多，它的预算收支不平衡。这几个原因合起来，使敌人不得不和。而第一个原因是主要的原因，没有这一条，同他们讲和是不容易的。美帝国主义者很傲慢，凡是可以不讲理的地方就一定不讲理。要讲一点理的话，那是被逼得不得已了。"①

毛泽东的这个总结是实事求是的总结。它平实、朴素、生动、自然，道出了抗美援朝战争胜利的根本原因。

（二）抗美援朝战争的历史意义和时代价值

就在上述讲话中，毛泽东还论述了抗美援朝战争的伟

---

① 参见《建国以来毛泽东军事文稿》中卷，军事科学出版社、中央文献出版社 2010 年版，第 173—174 页。

大意义。他指出：抗美援朝战争的胜利是伟大的，是有很重要的意义的。第一，和朝鲜人民一起打回到三八线，守住了三八线。这是很重要的。如果不打回三八线，前线仍在鸭绿江和图们江，沈阳、鞍山、抚顺这些地方的人民就不能安心生产。第二，取得了军事经验。我们志愿军的各军兵种都到了前线，摸了一下美国军队的底。"美帝国主义并不可怕，就是那么一回事。我们取得了这一条经验，这是一条了不起的经验。"第三，提高了全国人民的政治觉悟。由于以上三条，就产生了第四条，即推迟了帝国主义新的侵华战争，推迟了第三次世界大战。"帝国主义侵略者应当懂得：现在中国人民已经组织起来了，是惹不得的。如果惹翻了，是不好办的。""我们是不是去侵略别人呢？任何地方我们都不去侵略。但是，人家侵略来了，我们就一定要打，而且要打到底。中国人民有这么一条：和平是赞成的，战争也不怕。两样都可以干。我们有人民的支持。在抗美援朝战争中，人民踊跃报名参军。对报名参军的人挑得很严，百里挑一，人们说比挑女婿还严。如果美帝国主义要再打，我们就跟它再打下去。"①

抗美援朝战争的确很伟大，但毛泽东讲得直白、通俗、简明，不愧是语言大师，能够寓伟大于平凡之中，融高深

① 参见《建国以来毛泽东军事文稿》中卷，军事科学出版社、中央文献出版社 2010 年版，第 175—176 页。

之理于白话之中。2023 年是抗美援朝胜利 70 周年，毛泽东讲的上述意义不仅经受住了历史检验，而且具有重要的时代价值。有感于毛泽东的凿凿之言，观照历史的变迁、国家的发展、话语的与时俱进，我个人还想对毛泽东的论述作点新的阐发。

第一，抗美援朝战争的胜利，使中华民族扬眉吐气地站起来了，既为新中国建设创造了和平的国际环境，又为改革开放以后走向富起来、新时代走向强起来奠定了坚实根基。

新中国成立，毫无疑义地宣告中华民族站起来了！它结束了帝国主义、殖民主义势力侵略和奴役中国各族人民的历史。中国人民从此成为新国家、新社会的主人。但是，站起来了的新中国是否可能再倒下去呢？这种可能性不是不存在。朝鲜战争的爆发，以美国为首的"联合国军"迅速北进，战火烧到鸭绿江边，刚刚诞生的新中国的安全受到严重威胁。周恩来说：朝鲜战争不是我们预料的，可是也不应该看成完全不是我们预料的。"美帝国主义退出中国大陆，被赶出中国大陆，它是不会就此甘心的，必然要和我们较量，这一点我们是看到的。"[1] 中国人民志愿军入朝作战，经过两年零九个月的极其艰苦的军事作战和政治较量，克服种种意想不到的艰难困苦，打退了以美国为首的

---

① 周恩来在志愿军干部大会上的讲话，《人民日报》1958 年 2 月 18 日。

"联合国军"的猖狂进攻，取得抗美援朝的胜利，一扫100多年来的历史屈辱，使中华民族真正扬眉吐气地站起来了。

美国军事历史学家沃尔特·G.赫姆斯评论说，从中国人在整个朝鲜战争期间所显示出来的强大攻势和防御能力中，美国及其盟国已经清楚地看出，共产党（领导下的）中国已成为一个可怕的对手，再也不是第二次世界大战时那个软弱无能的国家了。美国在朝鲜战场上的失败，使其领导人再也不敢藐视新生的中华人民共和国，不敢像过去那样为所欲为了。

抗美援朝战争的胜利，使得新中国进行经济政治建设、实行社会民生改革有了比较安定的和平国际环境。如毛泽东所说："打回到三八线，守住了三八线。这是很重要的。如果不打回三八线，前线仍在鸭绿江和图们江，沈阳、鞍山、抚顺这些地方的人民就不能安心生产。"事实上，还没有等到实现停战，在我志愿军打回到三八线，并守住三八线后，我们国家就开始边打边稳边建的"三边"方针，启动了第一个五年计划，开展大规模经济建设，实现了从新民主主义转变为社会主义的伟大制度改革。经过20多年的艰辛探索，初步改变了旧中国工业极端落后、国民经济破败不堪的面貌，建立起以生产资料公有制和按劳分配为主体的经济制度以及独立的比较完整的工业体系和国民经济体系，独立研制出"两弹一星"，一些高科技项目取得重大突破，使我国成为世界上为数不多的拥有独立的比较完整的工业体系和国民经济体系大国，确立了新中国能够站起来的必要物质基础。这也为改革开放以后中华民族走向富起来、新时代走向强起来奠定了坚实根基。

第二，抗美援朝战争的胜利，取得了新形势下以弱胜强的丰富军事经验，表明中国共产党及其领导的人民军队在过去长期革命战争年代形成的以弱胜强的人民战争思想仍然适用于现代化战争。

中国人民志愿军是"小米加步枪"装备，与以美国为首的"联合国军"的高度现代化装备根本不在一个量级上，入朝作战之初，国内外的许多人都很为志愿军担心。党中央难于下入朝作战的决心，也有这个担心。毛泽东谈到志愿军入朝作战后的担心说："最初是能不能打，后来是能不能守，再后来是能不能保证给养，最后是能不能打破细菌战。这四个问题，一个接着一个，都解决了。我们的军队是越战越强。""对美国军队，如果不接触它，就会怕它。我们跟它打了三十三个月，把它的底摸熟了。美帝国主义并不可怕。""我们取得了这一条经验，这是一条了不起的经验。"[①] 为什么这是一条了不起的经验呢？话又说回来了：不接触它，它就是庞然大物要吃人的真老虎；接触了它，不被它那个"庞然大物"所吓倒，拿出武松打虎的真本事，

① 参见《建国以来毛泽东军事文稿》中卷，军事科学出版社、中央文献出版社 2010 年版，第 173、175 页。

一招一式地跟它拼斗，最后这个真老虎就会变成"纸老虎"！1946年，毛泽东说帝国主义和一切反动派都是"纸老虎"，那时主要是纵论天下大事，从世界历史发展特别是第二次世界大战取得反法西斯的胜利来立论的。我们党领导的人民军队，在土地革命战争时期突破国民党反动派的"围剿"取得红军长征的伟大胜利，抗日战争开辟敌后战场，成为抗战取得胜利的中流砥柱，那时还未与美国军队较量，而抗美援朝战争是中美两国军队面对面的初次比试。这个比试的结论，即为毛泽东说的美军"并不可怕，就是那么一回事"。志愿军经受了现代战争的洗礼，既打出了人民军队的军威，也打出了新中国的国威。所以，这是一条了不起的经验！它狠狠地灭了敌人的威风，大长了中国军队的志气，大长了中国人民的志气，大长了中华民族的志气！彭德怀在《关于中国人民志愿军抗美援朝工作的报告》中也说得好，这场战争"雄辩地证明：西方侵略者几百年来只要在东方一个海岸上架起几尊大炮就可霸占一个国家的时代是一去不复返了"。[①]

中国人民志愿军是靠什么打得不可一世的美国侵略者接受谈判实现停战的呢？还是毛泽东所说的，"主要是因为我们的战争是人民的战争，全国人民支援"，发动群众，

[①] 参见中共中央文献研究室编《建国以来重要文献选编》第四册，中央文献出版社1993年版，第379页。

"我们是有办法来对付他们的"，"我们的经验是：依靠人民，再加上一个比较正确的领导，就可以用我们的劣势装备战胜优势装备的敌人"。① 这说明党领导的人民军队在过去长期革命战争年代形成的以弱胜强的人民战争思想没有过时。无论敌人的装备怎么（有）优势，人的因素还是第一位的，人民还是决定战争胜负的决定性因素。有如前引毛泽东所述，我们志愿军的战士和干部机智、勇敢、不怕死，确实是铜墙铁壁，而美国侵略军却怕死，他们的军官比较呆板，不那么灵活，他们的战线不巩固，并不是铜墙铁壁。我们的志愿军在武器装备与之极不对称的条件下，经受了现代战争的洗礼，先后参与志愿军轮番作战、经受锻炼的部队，累计共达290万人。又如毛泽东所说："抗美援朝战争是个大学校，我们在那里实行大演习，这个演习比办军事学校好。""我们中国人民志愿军的陆军、空军、海军，步兵、炮兵、工兵、坦克兵、铁道兵、防空兵、通信兵，还有卫生部队、后勤部队等等，取得了对美国侵略军队实际作战的经验。"②

抗美援朝战争培养了一大批适应现代战争需要的军事人才，创造了依靠劣势装备打赢现代战争的一系列新经验、

---

① 参见《建国以来毛泽东军事文稿》中卷，军事科学出版社、中央文献出版社2010年版，第173—175页。

② 参见《建国以来毛泽东军事文稿》中卷，军事科学出版社、中央文献出版社2010年版，第50、175页。

新战法。这场战争的作战经验，对于中国人民解放军在训练和保卫国防作战及援外作战中发挥了重要作用，将人民军队建设推进到新的发展阶段，促进了 20 世纪 50 年代人民军队的变革。我军适应现代化战争的军事思想和理论得到极大丰富，军事科学技术有了很大提高，人民解放军由过去的单一兵种作战过渡到现代多军兵种作战，朝国防现代化方向迈出了一大步。我们的党和国家领导人深感加快国家工业化和国防现代化建设的紧迫性，促成了"四个现代化"成为党和国家建设社会主义现代化强国不可移易的战略目标。

第三，抗美援朝战争的胜利，提高了中国人民的政治觉悟，增强了民族自信心和自豪感，凝聚起了伟大的抗美援朝精神。

首先在于中国人民志愿军的英勇奋战。习近平在纪念中国人民志愿军抗美援朝出国作战 70 周年大会上的讲话指出："在波澜壮阔的抗美援朝战争中，英雄的中国人民志愿军始终发扬祖国和人民利益高于一切、为了祖国和民族的尊严而奋不顾身的爱国主义精神，英勇顽强、舍生忘死的革命英雄主义精神，不畏艰难困苦、始终保持高昂士气的革命乐观主义精神，为完成祖国和人民赋予的使命、慷慨奉献自己一切的革命忠诚精神，为了人类和平与正义事业而奋斗的国际主义精神，锻造了伟大抗美援朝精神。"参与抗美援朝战争的 290 万人都是伟大的抗美援朝精神的践行者。他们是"最可爱的人"。特别是被朝鲜民主主义人民共和国最高人民会议常任委员会授予"朝鲜民主主义人民共和国英雄"称号和一级国旗勋章、金星奖章的中国人民志愿军司令员彭德怀，还有志愿军战斗英雄杨根思、黄继光、孙占元、杨连第、邱少云、伍先华、许家朋、胡修道、杨春增、杨育才、李家发等，以及志愿军其他领导人和大批英雄模范，更是抗美援朝精神的光荣代表。他们的光辉业绩将与中国人民志愿军的英名同在！

其次在于中国人民的抗美援朝运动。在志愿军入朝作战后不久，从 1950 年 11 月始，党中央号召在全国开展抗美援朝运动，要求在各阶层人民，特别是在工农群众中，广泛进行爱国主义教育，提高民族自信心和自尊心。广大人民群众普遍订立爱国公约，开展爱国生产竞赛运动和拥军优属工作，把抗美援朝的爱国热情落实到实际的生产和工作中，成为表达爱国决心和爱国行动的一种具体形式。随着抗美援朝运动蓬勃发展，1950 年 12 月到 1951 年冬季，全国范围内又掀起了参军、参战、支前的热潮。广大中学生、大学生和知识青年踊跃报名参加军事干部学校，争先恐后参军入伍到朝鲜前线去。许多地方的翻身农民、铁路员工、汽车司机、医务工作者纷纷组成担架队、运输队、医疗队，志愿开赴朝鲜前线，担任战地各种勤务，为中国人民志愿军和朝鲜人民军作战贡献力量。抗美援朝运动中成立的中国人民抗美援朝总会，在组织中国人民赴朝慰问团到前线了解到，我志愿军没有空军坦克参战，大炮数量极为有限，实际作战有很多困难，财政负担很重的中央政府一时还不可能再拨款购买上述武器装备，便于1951年6月发起了捐献飞机大炮运动。至1952年2月，全国各界民众捐款总额达人民币5.565亿元，可折合战斗机3710架。抗美援朝运动极大地激发了全国人民的爱国热忱，充分地表现了浓烈的爱国主义和国际主义精神，给予在朝鲜前线作战的中国人民志愿军和朝鲜人民军以巨大的精神鼓舞和物质支援。这是伟大的抗美援朝精神的重要组成部分，也是伟大的中华民族精神在那个时代的升华。

第四，抗美援朝战争的胜利，巩固了在帝国主义殖民体系中具有重要战略地位的半殖民地大国的胜利，推动了第二次世界大战后民族民主运动的高涨。

中国革命的胜利，是一个在帝国主义殖民体系中具有重要战略地位的半殖民地大国的胜利。它在一个人口占全人类近四分之一的国度里，冲破帝国主义的东方战线，极大地改变了世界的政治格局，鼓舞了世界被压迫民族和被压迫人民争取解放的斗争。

朝鲜战争爆发后，以美国为首的"联合国军"迅速北进，战火烧到鸭绿江边，不仅刚从日本侵略者长期统治下获得独立的朝鲜民主主义人民共和国面临生死存亡问题，就是新生的中华人民共和国也处于"唇亡则齿寒，户破则堂危"的境地。中国人民志愿军入朝对抗以美国为首的

"联合国军"，会不会是螳臂当车自不量力？进行民族独立运动的不少进步人士，都为新中国的五星红旗能够飘多久捏一把汗。抗美援朝战争的胜利，一扫人们心中的阴霾。新中国的稳定和巩固，保卫了反对帝国主义、反对殖民主义斗争最显著的成果，极大地鼓舞了正在争取民族民主革命斗争胜利的亚非拉人民，促进了全世界民族解放运动力量的发展和凝聚。

抗美援朝战争结束后，中国人民支持印度支那三国人民的抗法战争，使得印度支那人民长达九年的反帝斗争取得突破性进展。1954年9月奠边府大捷后，法国殖民主义者不得不在日内瓦签署恢复印度支那和平协定。在亚洲人民反帝反殖斗争激励下，特别是美国侵略军在抗美援朝战争中的失败，使长期遭受压迫的非洲人民获得极大鼓舞，大大加快了非洲革命进程。1953年7月，在纳赛尔领导下，埃及人民获得了民族民主革命胜利。自此，北非乃至整个非洲大陆进入民族独立解放运动的高涨期。

正是在抗美援朝战争结束之后，1955年4月，29个亚非国家在印度尼西亚召开万隆会议。这次会议充分反映了亚非人民团结合作、反帝反殖、争取和维护国家独立、捍卫世界和平的共同愿望。会议提出的促进世界和平与合作的十项原则，标志着亚非国家作为一支新兴的政治力量有了自己独立的声音。亚非国家日益走向国际政治舞台，标志着它们在国际事务中发挥越来越大的作用。此后，亚、

非、拉美的民族民主革命以及 20 世纪 60 年代以后兴起的
不结盟运动，进一步强化了这支独立于两大阵营之外的第
三极。这第三极，越来越成为在世界政治舞台上一股不可
逆转的时代潮流。

从历史发展的整个过程看，只有在中国这样一个在帝
国主义殖民体系中具有重要战略地位的大国，经过抗美援
朝战争的严酷考验，使其获得的独立和解放得到真正巩固
之后，才可以说帝国主义的殖民体系真正进入了全面崩溃
的历史阶段。世界殖民体系的崩溃，殖民地人民解放和独
立自由意识的觉醒，以及为捍卫民族独立的斗争，使得帝
国主义之间瓜分殖民地的战争受到极大的遏制。殖民地人
民在获得民族民主革命胜利后，都把追求和平与进步，推
动本民族经济的发展作为奋斗目标。从 20 世纪 50 年代开
始的这个历史的伟大进步，推进着历史逻辑向前演进。20
世纪中叶以后，这支强大的民族民主运动力量就成为日益
崛起的能够与发达国家对话的发展中国家。

第五，抗美援朝战争的胜利，基本稳定了第二次世界
大战后形成的两大力量的均势状态，极大地推动了世界走
向和平与发展，使其逐渐成为 20 世纪下半叶到 21 世纪的
时代主题。

"时代主题"是什么？这是个历史性的动态概念。它会
随着历史的发展而变化。在 20 世纪上半叶，时代的主要特
征就是战争与革命。但当世界性革命风暴和战争风云的社

会基础弱化，以及对世界历史发展有重大影响国家的社会阶级关系得到某种调整之后，和平与发展在社会主义制度与资本主义制度、发达国家与发展中国家的矛盾运动中就逐渐具有全局性和战略性的意义。经过第二次世界大战及其后的一系列国际多种力量的斗争和较量之后，和平与发展逐渐成为20世纪下半个世纪的时代主题（说它是主题，只是说世界大战的可能性小了，而局部战争依然存在）。尽管对这个时代主题的认识较为滞后，但回过头来审视历史发展脉络，实际上，从20世纪50年代开始，即在朝鲜战争、印度支那抗法战争和越南战争之后，这个趋势已逐渐显现。中国人民志愿军进行的抗美援朝战争，对于促进时代主题转换起了巨大作用。

这是因为抗美援朝战争的胜利，首先是稳定了第二次世界大战后形成的以美苏两个大国为首的两大阵营均势状态，大大增强了世界走向和平与发展阶段的可能性。第二次世界大战是影响人类历史发展走向的重大事件。一方面，反法西斯的胜利和东欧亚洲人民民主国家的兴起，为世界走向和平与发展带来巨大希望；另一方面，发生战争的根源和土壤依然存在，世界和平仍然受到严重威胁。根据雅尔塔协定对世界格局的划分，无论在欧洲还是亚洲，在总体上形成了国际上的两大势力的均衡对峙。但是，战后形成的雅尔塔体系，既充斥着大国争霸的色彩，也包含着许多不稳定因素，划分势力范围形成的均势既是暂时的，也非完全均衡的，且基础是脆弱的。其中一个重要因素，就是亚洲形势未定，特别是亚洲地区最大国家——中国在二战结束后走向何处？两个大国不会不角逐。美国有独霸亚洲的野心。它撕毁二战后期与中国共产党一度达成的协议，大力支持国民党政权打内战，就是企图实现其战略野心的重要一招。它没有想到中国革命的历史逻辑将其战略设想砸得粉碎。国民党政权迅速垮台，五星红旗在亚洲地平线上冉冉升起。这既改变了雅尔塔体系的格局，也打破了美国极力遏制共产主义发展的幻想。美国直接介入朝鲜战争，就是要继续扼杀所谓共产主义扩张。抗美援朝战争的胜利，挫败了美国称霸世界的狂妄野心，进一步稳定了第二次世界大战后两大力量的均势状态；并通过削弱帝国主义的战争势力，给爆发更大规模战争的可能性增加越来越大的困难。前引毛泽东所说，抗美援朝的胜利，推迟了帝国主义新的侵华战争，推迟了第三次世界大战，也可以说已蕴含着时代主题在发生变化之意。随着和平与发展因素的不断增长，制约战争因素的增长不断超过战争因素的增长而占据主导地位。20 世纪上半个世纪的战争与革命时代朝着和平与发展时代方向的转化初露端倪。

还应当指出的是，站起来的中国人民是维护世界和平的中坚力量，积贫积弱的中华民族要求的发展是世界走向发展的不可抗拒的重要因素。美国侵略者在抗美援朝战争的失败，使他们开始意识到过去为所欲为的时代已经进了历史博物馆，再也不敢藐视亚洲的这个新生力量，再也不敢轻易欺侮和侵犯中国。

　　我们再复述一遍毛泽东说过的话，"帝国主义侵略者应当懂得：现在中国人民已经组织起来了，是惹不得的。如果惹翻了，是不好办的"，"我们是不是去侵略别人呢？任何地方我们都不去侵略。但是，人家侵略来了，我们就一定要打，而且要打到底。中国人民有这么一条：和平是赞成的，战争也不怕。两样都可以干"，"如果美帝国主义要再打，我们就跟它再打下去"。①

---

　　① 参见《建国以来毛泽东军事文稿》中卷，军事科学出版社、中央文献出版社 2010 年版，第 175—176 页。

图书在版编目（CIP）数据

毛泽东与抗美援朝 / 石仲泉著. — 南宁：广西人民出版社，
2023.7
（毛泽东、周恩来与抗美援朝）
ISBN 978-7-219-11596-1

Ⅰ. ①毛… Ⅱ. ①石… Ⅲ. ①毛泽东（1893-1976）—
生平事迹 ②抗美援朝战争—史料 Ⅳ. ① A752 ② E297.5

中国国家版本馆 CIP 数据核字（2023）第 135823 号

出 版 人 韦鸿学	策 划 温六零 白竹林
特约编辑 郑宁波	执行策划 吴小龙
责任编辑 许晓琰	责任校对 覃丽婷
整体设计 刘瑞锋（广大迅风艺术）	

出版发行 广西人民出版社
社　　址 广西南宁市桂春路 6 号
邮　　编 530021
印　　刷 广西民族印刷包装集团有限公司
开　　本 787mm×1092mm　1 / 16
印　　张 10.5
字　　数 101 千字
版　　次 2023 年 7 月　第 1 版
印　　次 2023 年 7 月　第 1 次印刷
书　　号 ISBN 978-7-219-11596-1
定　　价 33.00 元